KB019768

음식과 전쟁

음식과 전쟁

톰 닐론 지음 | 신유진 옮김

숨겨진 맛의 역사

루아크

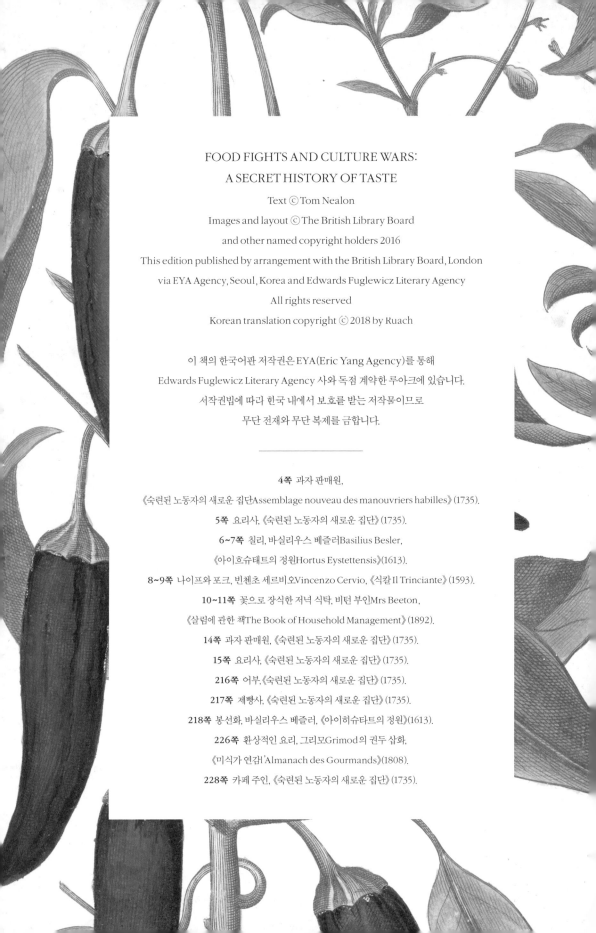

FOOD FIGHTS AND CULTURE WARS:
A SECRET HISTORY OF TASTE

Text ⓒ Tom Nealon

Images and layout ⓒ The British Library Board

and other named copyright holders 2016

This edition published by arrangement with the British Library Board, London

via EYA Agency, Seoul, Korea and Edwards Fuglewicz Literary Agency

All rights reserved

Korean translation copyright ⓒ 2018 by Ruach

이 책의 한국어판 저작권은 EYA(Eric Yang Agency)를 통해
Edwards Fuglewicz Literary Agency 사와 독점 계약한 루아크에 있습니다.
서작권법에 따라 한국 내에서 보호를 받는 저작물이므로
무단 전재와 무단 복제를 금합니다.

———————————

4쪽 과자 판매원,
《숙련된 노동자의 새로운 집단Assemblage nouveau des manouvriers habilles》 (1735).

5쪽 요리사, 《숙련된 노동자의 새로운 집단》 (1735).

6~7쪽 칠리, 바실리우스 베즐러Basilius Besler,
《아이흐슈태트의 정원Hortus Eystettensis》 (1613).

8~9쪽 나이프와 포크, 빈첸초 세르비오Vincenzo Cervio, 《식칼Il Trinciante》 (1593).

10~11쪽 꽃으로 장식한 저녁 식탁, 비턴 부인Mrs Beeton,
《살림에 관한 책The Book of Household Management》 (1892).

14쪽 과자 판매원, 《숙련된 노동자의 새로운 집단》 (1735).

15쪽 요리사, 《숙련된 노동자의 새로운 집단》 (1735).

216쪽 어부, 《숙련된 노동자의 새로운 집단》 (1735).

217쪽 제빵사, 《숙련된 노동자의 새로운 집단》 (1735).

218쪽 봉선화, 바실리우스 베즐러, 《아이히슈타트의 정원》 (1613).

226쪽 환상적인 요리, 그리모Grimod의 권두 삽화,
《미식가 연감L'Almanach des Gourmands》 (1808).

228쪽 카페 주인, 《숙련된 노동자의 새로운 집단》 (1735).

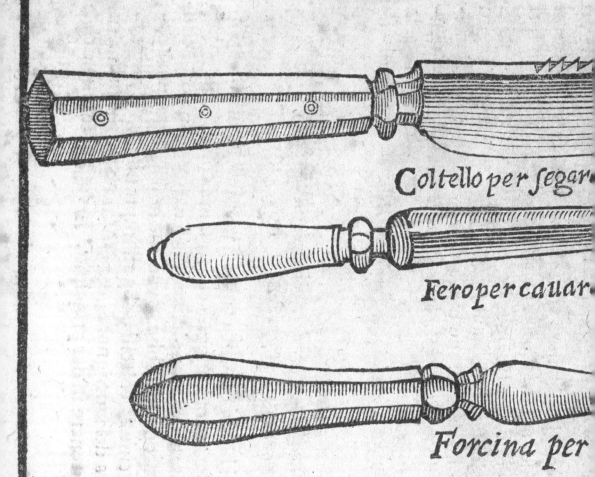

Coltello per ſegar

Fero per cauar

Forcina per

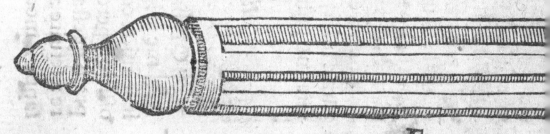

Fero per t.

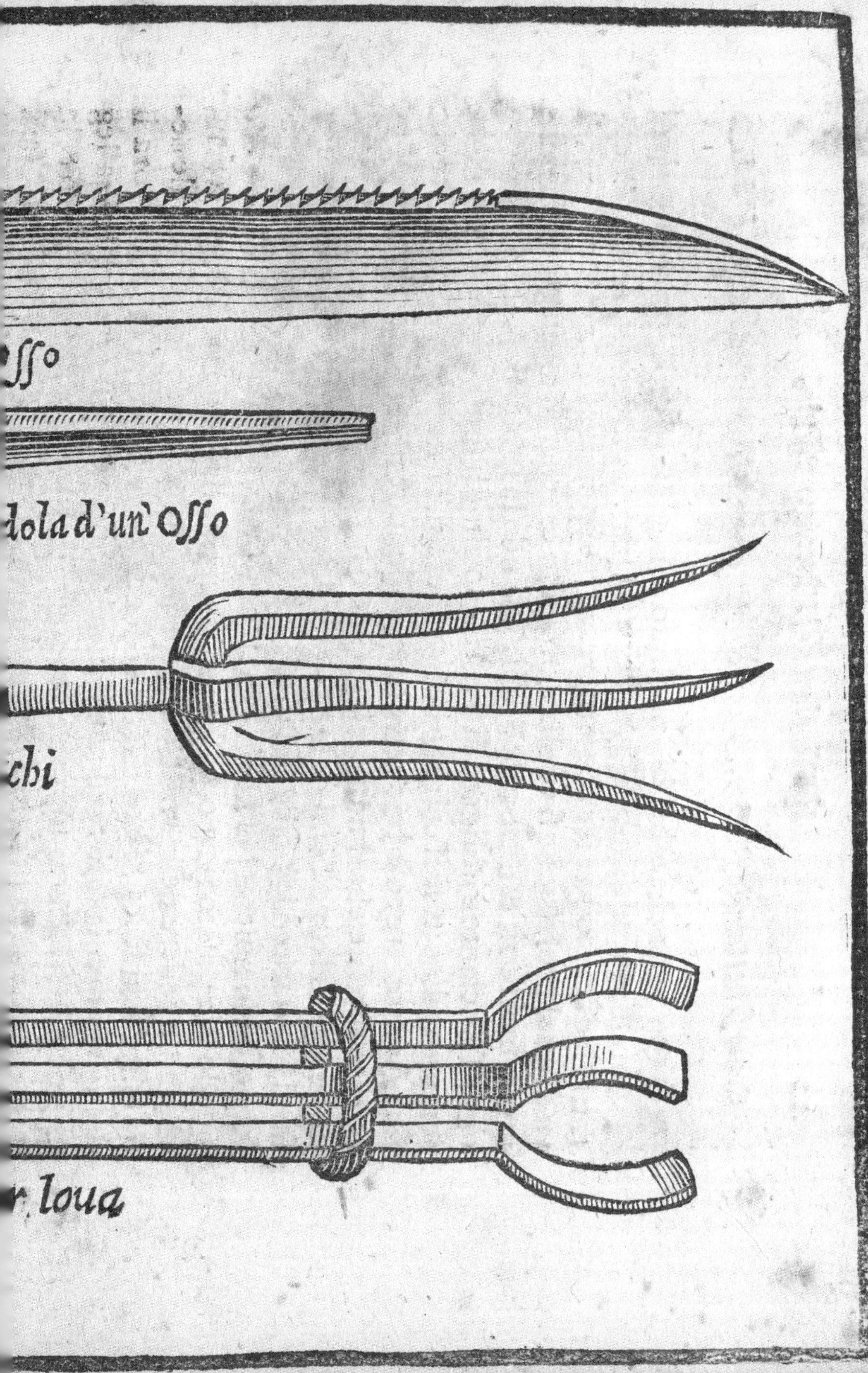

osso

ola d'un Osso

chi

loua

들어가는 말

나는 먹는 것을 좋아하는 것만큼이나 음식 플레이팅이나 데코레이션에도 무척 관심이 많았다. 10여 년 전쯤, 제프리 초서Geoffrey Chaucer의 《캔터베리 이야기The Canterbury Tales》(1387~1400)에 나오는 모든 음식을 요리해봐야 겠다고 마음먹었는데, 육수 중개시장에 파이 요리에서 뽑아낸 육수를 내다 팔던 괴짜 요리사 로제Roger에 관심을 갖기 시작한 게 그 발단이었다. 마침 매사추세츠 주 보스턴에 중고서점을 열기 위해 벌이가 시원찮던 음식점을 정리했는데, 나는 오래된 요리를 재현하는 일과 서점 일을 결합시켜보고 싶었다. 그 프로젝트의 첫 요리는 13세기 레시피로 만든 닭요리였다. 우선 뼈를 다 발라 낸 순살을 깨끗이 씻고 끓인 뒤 다시 뼈에 두른 다음 실제 닭 모양으로 보이게끔 튀겨내는 것이었다.

나는 오랫동안 중세시대 후기, 곧 1300년에서 1500년 사이의 음식에 대해 식도락가적 관심이 있었다. 당시 음식은 지금에 비하면 매우 낯선데, 거북이, 양고기, 벌꿀, 술, 돼지비계 들이 끼니마다 식탁에 오르는 듯했다. 향신료 무역이 활발히 이뤄지고 재료 공급이 원활했던 덕에 당시 요리는 실험적인 기이함으로 가득했다. 나는 쌀 전분과 아몬드우유를 섞은 괴상한 블랑망제blancmange와 14세기 문서에 기록된 레시피대로 모르토리오mortorio라는 으깬 돼지고기 요리를 만들었다. 그러나 공작새 껍질을 발라내 구운 뒤 마치 살아 있는 것처럼 보이게끔 다시 껍질을 씌워 접시에 놓으려던 시도는 공작새를 죽이는 것이 명백한 불법이라는 이유로 좌절되었다. 나는 공작새들이 주거지역 주변을 자유롭

게 돌아다니는 마이애미에서 이 계획을 실행해보려 했지만, 식재료로 쓰기 위해서 차마 공작새를 잡을 수는 없었다. 고대 요리책에 나오는 수많은 요리를 재현하고, 이에 대한 글을 쓰고, 기억에 남을 만한 이상한 저녁 파티를 몇 번 연 다음부터는 음식의 역사에 대한 관심이 더욱 많아졌다. 내가 운영하던 중고서점이 인터넷 서점의 압박에 무릎을 꿇고 희귀 고서적을 찾는 것보다 중고책을 팔기가 더 어려워지면서, 나는 오래된 희귀 요리 서적에 대한 카탈로그를 발행하겠다는 (모호한) 각오로 최상의 작품을 찾아 사들이기 시작했다.

음식은 우리 삶에서 가장 중요한 부분인데도 이에 대한 역사 기록은 매우 드물다. 고대에 제작되어 지금까지 전해 내려온 요리책은 4세기 무렵에 만들어진 책 한 권이 유일하다. 그 외에는 연회에 대해 묘사한 몇몇 문서만 존재할 뿐이다(2세기 후반 고대 그리스 아테네의 《숙련된 연회자들The Learned Banqueters》과 몇몇 간단한 문서들이 그것이다).

14세기에서 17세기 사이 르네상스 기간 동

안 유럽의 엘리트 계급이 먹었던 음식들이 요리책에 기록되기 시작했지만, 당시 왕족들이 먹었다는 것을 감안한다 하더라도 기록과 실재 사이에는 커다란 간극이 존재한다. 제국이 흥망성쇠하는 동안 식민지에서 벌인 사업인 탐험, 착취, 투기 등이 향신료 무역이나 설탕 농장 운영, 칠면조 사육과 같이 먹을 것에 관련된 사업인 경우가 무척 많았는데도 먹는 것에 대한 일상적 이야기는 대개 무시되었다. 1623년에 암본 섬에서는 정향 공급을 둘러싸고 아주 작은 전쟁이 일어났다. 이 전쟁에 대한 역사 기록은 남아 있지만, 화폐적 가치를 넘어서 사람을 죽이는 것이 정당화될 만큼 정향이 왜 그리 각광받았는지에 대해서는 언급이 없다. 새뮤얼 피프스 Samuel Pepys, 1633~1703나 존 이블린John Evelyn, 1620~1706 같은 일기작가나 역사가들은 가끔 동시대인이 먹는 음식이나 새로 문을 연 식당을 두고 가치 있는 관찰을 하기도 했지만, 그들 역시 당대 사람들이 구체적으로 어떤 음식을 먹었으며 그 음식들이 사람들에게 어떤 의미가 있었는지에 대해서는 충분한 설명을 해주지 못했다. 음식은 분명히 존재했지만, 매일 만들고 먹는다는 사실에 가려져 현대인들에게는 오히려 미지의 존재가 되어버린 듯하다.

그 결과 새로운 음식이 어디에서 비롯되었는지 설명하기 위해 상상으로 가득한 이야기가 등장했다. 그러나 요리사들은 대개 진실을 정확히 알지 못한다. 그러다 보니 언제부터인가 조작된 기원이 사실로 둔갑했고, 때로는 기발한 이야기가 넘쳐난 나머지 이런 창작물이 멋진 우연의 결과인 것처럼 묘사되었다. 예를 들면, 마요네즈는 연회에서 쓰던 걸쭉한 크림을 흉내 내다가 발명되었고, 고기 스튜에 초콜릿을 흘려 넣다가 멕시코 요리인 몰레mole가 만들어졌으며, 신선한 치즈가 동굴에 버려졌다가 로크포르Roquefort 치즈가 되었고, 커피콩은 염소가 이것을 먹고 기운차게 노는 것을 본 목동이 찾아냈으며, 나폴레옹 페이스트리Napoleon Pastry는 비프 웰링턴 Beef Wellington(소고기에 푸아그라와 버섯 페이스트를 바르고 페이스트리 반죽을 입혀 구운 요리─옮긴이)이 더 낫다는 것을 보여주기 위해 만들어졌다는 식이다(사실 마지막 요리는 1975년 우디 앨런의 영화 〈사랑과 죽음Love and Death〉에서 나온 것일 수도 있다). 음식, 특히 조리된 음식은 꾸준히 기록된 적이 한 번도 없기 때문에 역사에서는 허구

1 《요리에 관한 책A Boke of Kokery》(1440년경). 영국도서관 소장. 현존하는 50여 가지 중세 조리법의 필사본이다. 사진의 첫 번째 조리법은 '허브 안의 토끼'다.
2 만찬 준비, 《러트렐 시편집The Luttrell Psalter》(1325~1340년).

의 분야로 격하되고 말았다.

나는 원전으로 돌아가는 것이 가장 합리적이라고 생각했다. 그러나 내가 오래된 요리책에서 발견한 내용은 예상한 것보다 훨씬 이상하고 엉성했다. 20세기 이후 사람들은 음식 조리법에 정확한 분량과 시간이 나와 있으며, 그 저자 덕에 요리를 완성할 수 있을 뿐만 아니라 세련되고 완벽할 것이라고 기대한다. 그러나 4세기까지 출간된 요리책에서는 이런 기대를 할 수 없었다.

1454년경 구텐베르크 성경이 출판되고 얼마 지나지 않은 1475년에 출간된 첫 요리책은 요리책에서 기대할 것이 무엇인지 알려준다. 바르톨로메오 사키Bartolomeo Sacchi, 1421~1481의 《진정한 즐거움과 건강에 대하여De honesta voluptate et valetudine》는 마르티노 다 코모Martino da Como(1430년경 출생, 15세기 요리 징인이자 교황청 요리사 — 옮긴이)가 쓴 《요리의 예술Libro de arte coquinaria》에 실린 검증되지 않은 레시피를 거의 그대로 표절했다. 마르티노 다 코모는 15세기

4

서양에서 가장 유명한 요리사였다. '플라티나Il Platina'라고도 알려진 바르톨로메오 사키는 교황청에 출판과 관련해 연줄이 있는데다(교황의 역사에 대한 책도 썼다) 순회 인문주의자였을 뿐 사실 요리사는 아니었다. 그런 그가 고대 원전에 실린 식습관과 약에 대해 조언한 마르티노의 레시피를 보강해 음식에 관한 포괄적인 책을 만든 것이다. 이 책 외에 15세기에 볼 수 있는 출간물은 1498년에 출간된, 아피키우스Apicius가 쓴 4세기 로마 요리법인 《요리에 관하여De re coquinaria》뿐이다. 그러나 16세기에는 식습관과 약효가 있는 음식에 관한 내용을 이상하게 혼합한 형태의 책과 비법에 관한 책이 도입되었다.

사람들은 기록의 여명기부터 페인트 안료

3

3 정향나무, "재커라이어스 왜그너Zacharias Wagener, 35년간 수행한 항해에 관한 짧은 기록", 처칠Churchill의 책 《항해와 여행 모음집 제2권A collection of Voyages and Travels, Vol 2》(1732년)에 수록됨.
4 칠리, 바실리우스 베즐러, 《아이흐슈태트의 정원》(1613년). 이제껏 제작된 것 중 가장 훌륭한 식물학 서적.
5 마르크스 럼폴트Marx Rumpolt, 《새로운 요리책Ein new Kochbuch》(1604년).

를 만들고 섬유를 세탁하거나 향수를 혼합하는 일, 최음제나 전염병 치료제, 소시지 만드는 법 같은 일상적인 작업의 비법이나 레시피를 기록으로 남기려 했기 때문에 이에 관한 책은 원고의 형태로 된 아주 오랜 역사를 지니고 있다. 이런 책에 깔린 개념은 '두루 여행하고 그 현상을 관찰하고 목록화한다면 세상을 더 잘 이해할 수 있다'는 것으로, 18세기 유럽에서 계몽주의 학문에 커다란 영향을 주었다. 비법서 중 가장 유명한 두 권은 1555년(프랑스에서는 1557년, 영국에서는 1558년)에 이탈리아어로 처음 출판된 이후 200년 이상 대량으로 인쇄되었던 지롤라모 루셸리Girolamo Ruscelli의《피에몽의 마이스터 알렉시 목사의 비밀The Secretes of the Reverend Maister Alexis of Piemont》과 프랑스의 약제상 겸 예언가였던 미셸 드 노스트라담Michel de Nostradame, 1503~1566 혹은 노스트라다무스 Nostradamus가 리옹에서 1555년에 출간한 책이다. 예언으로 유명해지기 전에 노스트라다무스는 비법서에 실을 레시피를 수집했는데, 너무 맛있어서 여자가 사랑에 빠질 수밖에 없도록 고안된, 말도 안 되게 복잡하면서도 이국적인 잼을 포함해 잼과 젤리에 관해서만 한 장을 온전히 할애했다. 비법서는 16세기 유럽에서 음식과 약물 중에 무엇이 더 긴급한 문제인지 파악하기 어렵게 할 만큼 인기가 많아서 요리법과 비법이 구분되기까지는 꽤 시간이 걸렸다.

어떤 사람은 16세기에 아메리카대륙에서 유럽으로 흘러 들어온 새로운 재료들을 활용한 레시피를 담은 출판물이 확산되었을 것으로 예상했을 수 있다. 1500년대에 감자, 토마토, 칠리페퍼, 호박, 칠면조, 옥수수, 신대륙의 모든 콩류(즉 대두, 누에콩, 이집트콩 혹은 병아리콩을 제외한 모든 콩류)가 유럽으로 건너갔지만, 출판된 요리책에 실린 레시피에는 전혀 영향을 미치지 못했다. 무슨 일이 있었던 걸까? 새로운 재료들이 곧바로 인기를 얻지 못했을 뿐이다. 콩은 불가사의

해 보였고, 토마토와 감자는 가지속이었기 때문에 재배가 거부되었는데, 맨드레이크(약물, 특히 마취제로 쓰이는 유독성 식물 – 옮긴이)나 벨라도나 같은 잘 알려진 유럽산 가지속처럼 독성이 있을 것으로 의심되어서다. 유럽 농부들의 염려가 완전히 틀린 것은 아니었다. 모든 가지속 식물은 알칼로이드 함량이 높기 때문이다(식용 식물은 위험할 만큼 높지 않지만 말이다). 알칼로이드 중에 가장 잘 알려진 것은 니코틴으로, 담배에는 많은 양이 들어 있지만 토마토, 감자, 가지(아시아가 원산지이지만 뒤늦게 북유럽에 전해진) 같은 가짓과 식품에는 적은 양이 들어 있다. 아메리카대륙에서 큰 인기를 끌었던 옥수수는 매우 늦게 대서양을 건넜는데, 유럽인들이 밀, 귀리, 쌀, 보리를 이미 먹고 있어서였다. 가지속의 일종인 칠리페퍼는 유럽인의 입맛에는 너무 자극적이었다(포르투갈 탐험가들이 아시아에 소개했을 때는 기꺼이 받아들여졌는데도 말이다). 칠면조만은 크

6~8 바르톨로메오 스카피, 《요리의 예술 작품》(1570년). 중세 주방의 바쁜 모습을 묘사.

게 유행했지만 그마저도 다양한 종류의 가금류와 경쟁해야 했다. 한편, 초기의 훌륭한 근대 요리책 중 하나인《요리의 예술 작품Opera dell'arte del cucinare》(1570)은 르네상스시대의 유명한 이탈리아 요리사였던 바르톨로메오 스카피Bartolomeo Scappi, 1500~1577가 썼는데, 호박 요리와 치즈파이에 대한 멋진 레시피가 수록되어 있다.

다양한 음식에 익숙해진 나머지 우리는 식사가 과거의 시행착오에서 비롯된 매우 중요한 문제라는 사실을 잊어버린다. 유럽에서 재배한 농작물은 수천 년에 걸친 '길들이기'의 최종 결과물이었고, 잘못된 음식을 먹은 대가는 대개 질병이나 죽음으로 이어졌다. 그러나 스카피의 책과 1581년 마르크스 럼폴트가 쓴 훌륭한 독일 요리책인《새로운 요리책》을 제외하고 16세기에 출간된 요리책은 대부분 고대 원전을 베낀 레시피를 요리책의 형태로 펴낸 것이었다. 그 책들이 영향력이 없었다는 말은 아니다. 1516년 베네치아에서 출간된(그리고 17세기까지 재출간된) 마르티노 다 코모의 레시피를 재현한《에폴라리오Epulario》는 플라티나의 초기 작품과 달리《이탈리아식 연회The Italian Banquet》라는 제목으로 1598년 영어로 번역되었는데, 바닥의 구멍을 통해 스물네 마리의 살아 있는 지빠귀를 넣을 수 있을 만큼 단단한 파이 껍질을 굽는 방법에 대한 레시피가 담겨 있다.

요리책은 수백 년 넘게 번역되면서 그 영향력이 국경을 넘나들었지만, 지역에 따라 같은 의미로 해석되지 않는 경우도 있었다. 17세기 중반에서 19세기 초반에 이르기까지 이탈리아를 지배한 프랑스 음식은 이탈리아에서 어떤 의미였을까? 프랑스 요리사이자 제빵사였던 쥘 구페Jules Gouffé의 매우 유명한 작품인《요리책Le Livre de Cuisine》(1868)은 모든 유럽 언어로 번역되었는데, 지역마다 다른 의미를 나타냈다. 네덜란드에서는 단순히 외국 요리책이었고, 이탈리아의 새로운 프랑스 음식점 그랑 퀴진grande cuisine의

Cucina fatta a Campana

fogone alto

8

유명 요리사였던 마리 앙투안 카렘Marie Antoine
Carême, 1784~1833에게는 설명서였으며, 멕시코
에서는 멕시코 요리의 한 분야이자 중상류 계층
에게는 요리책의 바이블이었다. 서양 요리책에
는 인기를 반영해 새로운 재료들이 조금씩 등장
했는데, 이 재료들은 어떻게 요리되었을까?

　　나는 이런 책들을 통해 다양한 재료들의 역
사, 곧 처음 등장할 때는 큰 인기를 얻었지만 점차
관심이 줄어들다가 완전히 사라지기까지의 과정
을 추적했는데, 자세히 볼수록 이 오래된 책들이
얼마나 이상하고 복잡한지 그리고 책에 등장하
는 세부 내용이 얼마나 종잡을 수 없고 쾌락적인

지 알게 되었다. 어떤 재료들은 들불처럼 퍼져나
갔다. 중세시대에는 아몬드와 설탕이 중앙아시
아 지역으로부터 수입되어 갑자기 상류층 레시
피에 등장했으며, 음식은 노란색이어야 한다는
왕명이 내려지기라도 한 것처럼 사프란이 급속
도로 확산되었다. 어떤 재료들은 등장하는 것조
차 쉽지 않았다. 오늘날 우리가 애용하는 토마토
는 1680년대까지 좀처럼 볼 수 없었으며 18세기
가 되어서야 일상적으로 쓰이기 시작했다.

　　그러나 음식과 관련된 많은 사실은 글로 기
록되지 않아 후세에 전해지지 않았다. 모든 증거
는 시간이 흐르면서 서서히 모습을 감추었다.

10

요리책은 대부분 남자가 썼지만 요리를 한 사람은 절대 다수가 여자였다. 수백 년에 걸쳐 다듬어진 요리법은 무지와 여성 혐오에 가려지고 말았다. 얼마나 많은 위대한 요리사와 진미 요리가 역사 속으로 사라졌으며, 선진적이고 기발한 비법과 레시피가 잊히고 말았던가? 영국에서, 나중에는 미국에서 나온 몇몇 요리책은 여성이 쓴 것인데, 물론 초기에는 부유한 여성만을 대상으로 했다. 이 책들은 비록 소수의 의견을 대변했지만, 프랑스 요리가 지배적인 상황에서 영국과 미국 요리가 저항하는 데에 상대적으로 영향을 끼쳤을 것이다. 1651년, 프랑수아 피에르 드 라 바렌François Pierre de la Varenne, 1615~1678은 《프랑스 요리Le Cuisinier Fransois》라는 책으로 기존 요리법을 완전히 바꿔놓았는데, 이는 모든 고급 요리의 기틀이 되었다. 이 책은 천재적인 작품은 아니지만 아주 훌륭한 요리책으로, 유럽이 계몽주의를 목전에 두고 르네상스 시대를 거치는 동안 배운 모든 것을 종합한 최

---

9 주방, 크리스토포로 디 메시스부고Christoforo di Messisbugo의 삽화, 《연회, 음식과 도구의 일반적 구성Banchetti composizioni di vivande, et apparecchio generale》 (1549년).
10 만찬의 결과, 위의 책.

11

초의 책이다. 프랑스 요리는 유럽의 고급 요리를 압도했으며, 상류 계층의 공통적인 요리 언어가 되었다. 18세기에는 이탈리아 요리책이 처음으로 선보였고, 훌륭한 영국 요리책(종종 여성이 쓴)이 쏟아져 나왔으며, 최초의 미국 요리책도 등장했다. 영국에서는 한나 글라세Hannah Glasse, 1708~1770의《쉽고 간단한 요리의 기술The Art of Cookery Made Plain and easy》(1747)과 엘리자베스 라폴드Elizabeth Raffald, 1733~1781의《능숙한 영국 주부The Experienced English Housekeeper》(1769)가 특히 유명했는데, 이 책들은 영국 음식의 입지를 확고히 하고 정돈된 빅토리아식 부르주아 가정을 꾸리기 위한 설명과 함께 당시 요리법을 엮은 이사벨라 비턴 부인Mrs Isabella Bee-ton, 1836~1865의 베스트셀러《살림에 관한 책The Book of Household Management》(1861)의 중요한 밑거름이 되었다.

이런 요리책은 모두 이야기를 담고 있지만 계급, 성별, 인종, 지리에 따라 그 내용이 무척 다양해져서 핵심보다는 허점이 더 많았다.

대개는 요리나 재료의 기원에 대한 언급이 아예 없다. 있더라도 날조된 것이 많았다. 유명한 프랑스 작가 알렉상드르 뒤마Alexandre Dumas, 1802~1870의《요리 대사전Grand Dictionnaire de Cuisine》(1873)은 프랑스 음식의 역사를 한눈에 알아볼 수 있게 하려는 포괄적인 시도였는데, 뒤마 역시 이 책을 쓰면서 요리책이 알맹이보다는 허점이 더 많다는 걸 분명히 느꼈을 것이다. 이 책은 1155페이지의 방대한 분량인데, 음식 레시피, 음식에 관한 오래된 이야기들 그리고 뒤마 자신이 겪은 새로운 일화들로 구성되어 있다. 책 내용은 매력적이면서도 독자를 어리둥절하게 만들었으며, 시적 표현을 위해 정확성을 포기했다. 송로버섯에 관한 뒤마의 서문은 사실적 정보와는 거리가 멀지만, 송로버섯과 신divine이 직접적으로 관계가 있다는 것을 암시한다. 그리고 15세기 프랑스의 상인이었던 자크 쾨르Jaques Coeur(프랑스 국왕 샤를 7세에게 사랑받은 상인-옮긴이)가 터키에서 칠면조를 들여왔다는 잘못된 정보를 제공한다. 뒤마는 음식 역사의 공백을 분명히 인식했고 이를 채워 넣기 위해 노력했지만 역사적 사실 대신 종종 농담에 가까운 허튼소리를 반복하고 말았다.

이런 역사적 공백과 반직관적 사실들은 내가 희귀한 책들을 찾게 만든 가장 큰 이유가 되었다. 유니콘, 아틀란티스, 마요네즈를 다룬

---

11 한나 글라세,《여성을 위한 쉽고 간단한 요리의 기술The Art of Cookery Made Plain and Easy … By a Lady》의 권두 표지(1775년경).

캡션은 아래와 같다.
현명해서 우리 책을 자주 참고하는 여성,
그리고 그 책의 설명은 현명한 조리를 가르치네.
음식을 선택하여 식탁을 풍성하게 하니
마침내 건강과 검소한 우아함이 드러난다.
The Fair, who's Wise and oft consults our Book,
And thence directions gives her Prudent Cook,
With Choicest Viands, has her Table Crown'd,
And Health, with Frugal Ellegance is found.

고전적 지식 개요서인 플리니Pliny의《박물지 Natural History》(1세기) 같은 역사서, 최초의 요리책에 포함되기 한 세기도 전에 토마토 활용 레시피를 다룬 베르날 디아스 델 카스티요Bernal Díaz del Castillo, 1492~1585의《신 에스파냐 정복의 진정한 역사Historia verdadera de la conquista de la Nueva España》같은 책이 그것이다. 마요네즈가 1756년 미노르카해전에서 프랑스가 승리하면서 우연히 발견된 것이라면, 플리니는 어떻게 마요네즈를 언급할 수 있었을까?[1] 7년전쟁은 프랑스가 스페인의 마요네즈 레시피를 빼앗기 위해 시작한 것이 사실일까?[2] 칠면조는 아메리카대륙에서 넘어왔는데 왜 '터키'라고 부를까?[3] 멕시코의 전통 요리인 몰레 포블라노Mole Poblano의 기원 이야기(현재까지는 한 가지다)는 왜 스페인 사람이 도착한 후에야 등장할까?[4] 이런 것들이 내가 답을 찾기 위해 노력했던 질문이다. 그리고 이에 대한 답을 통해 알 수 있는 것은 음식의 역사가 대부분 만들어진 내용이었다는 것이다.

나는 이 모든 것을 통해 음식을 역사의 맥락 안으로 되돌려놓고, 우리 삶에서 음식이 차지하는 위치와 역사 기록의 부재 사이의 간극을 메우는 방법이 분명 있을 것이라고 생각했다. 이를테면 우리가 나폴레옹의 전기를 읽는다고 해보자. 그 위대한 키 작은 남자를 둘러싼 역사적 사실은 모두 나폴레옹과 관련이 있다고 독자와 저자는 생각하게 된다. 그리고 그의 역사를 기술하기 위해, 그리고 그가 그토록 위대하고 중요한 사람이라는 것을 알기 위해 우리는 나폴레옹의 존재가 당시 일어났던 거의 모든 역사적 사실에 영향을 주었다고 가정한다. 이것은 당연한 일이다. 역사의 주체와 역사는 서로 영향을 주고받는 것이니 말이다. 역사는 위대한 개개인이 만들어간다는 개념과 정면으로 충돌하는 톨스토이의《전쟁과 평화War and Peace》(1869)조차도 이와 같은 사실을 어느 정도 증명한다. 나폴

레옹과 관련된 이야기의 공백은 마치 블랙홀과 같아서 우리는 그의 부재로부터 존재를 추론할 수 있다. 블랙홀은 우리 눈에는 보이지 않지만 분명 존재한다. 이런 종류의 전기를 읽을 때면, 세상이 변할 때 그 시대의 구성원들도 분명 그 변화에 영향을 끼쳤을 것이라는 생각을 은연중에 하게 된다. 어떤 사건에 둘러싸인 인물을 집중적으로 조명해봄으로써 우리는 전체적인 관점을 조금이나마 전환시킬 수 있다.

어떻게 하면 우리는 음식의 의미를 미화하지 않으면서 음식이라는 일상적인 존재를 격상시킬 수 있을까? 항상 그렇듯 왕의 만찬이나 광대한 해안에 떠밀려온 사향 과일에 대해 이야기하기는 쉽지만, 현실의 음식에 대해 이야기하기는 무척 어렵다. 전 세계적으로 요리 재현가와 중세 연구가들이 애호하는 최초의 영국 요리책은 14세기 말의《요리하는 방법The Forme of Cury》('cury'는 '요리하다'라는 뜻의 고대 프랑스어 동사 'cuire'에서 유래했다)이란 책이다. 이 책은 제프리 초서가 살아 있을 때 나온 책인데, 내가 그의 요리를 재현하려고 노력했을 때 처음으로 참고한 책이다. 그러나 대부분의 고대 요리책처럼 이 책 역시 왕족을 위한 레시피 모음집으로, 리처드 2세(1367~1400)의 요리사가 엮은 것이다. 다른 고대 요리책들도 거의 같은 맥락이다. 13세기 초 프랑스의 유명한 요리책《타이유방의 요리책Le Viandier de Taillevent》(대략 '타이유방의 고기 전문가')은 발루아 왕가의 한 요리사가 쓴 책이다. 경이로운 이탈리아의 요리책《요리의 예술 작품》은 바티칸의 연줄을 이용했던 바르톨로메오 스카피가 저술했다. 신성로마제국 신세후의 요리사 중 한 명은 레시피를 모아 멋진 초기 독일 요

---

1 프랑스 군대가 초기의 스페인 레시피를 자기 것으로 삼기로 결정했기 때문이다.
2 그럴 수도 있다.
3 뒤마 덕분이다.
4 식민지 지배 때문이다.

리책을 엮어냈다. 이런 사례는 계속 이어진다. 역사 속에서 저녁 만찬은 언제나 부유한 사람들을 위한 것이었다. 음식을 과장 없이 발굴해 이를 역사의 제자리에 돌려놓고자 하는 내 목표는 부족한 자료들 속에서 최대한 많은 정보를 이끌어내야 한다는 것을 의미한다.

21세기의 우리는 음식 속에서 헤엄치는 것 같다. 이는 텔레비전 요리 프로그램의 급증, 슬로푸드 운동, 유명 셰프의 등장, 끝도 없는 요리책의 출간, 컵케이크의 등장, 글루텐에 대한 비판 등으로 입증된다. 우리는 음식을 먹는 것보다 음식을 먹는 상상을 하는 데 더 많은 시간을 소비하고, 요리를 직접 하는 것보다 요리에 대해 고민하는 데 더 많은 에너지를 투자한다. 온통 음식에 둘러싸여 허우적거리면서도 이에 대한 걱정은 하지 않는다. 마치 건강염려증 환자가 자신의 건강에 대해 걱정하듯 줄곧 음식에 대한 생각에 사로잡혀 있는 것이다. 즉 우리는 강박적이 되고 만족할 줄 모른다. 결국 요리 프로그램을 아무리 많이 시청하더라도 위장은 채워지지 않을 것이다.

마치 마술사가 동전 사라지기 마술을 부리듯 역사는 전쟁, 새로운 발견, 공포를 통해 우리의 시선을 다른 데로 돌려서 결정적 순간에 음식에 대한 관심을 잃게 만든다. 우리의 위장을 일상적으로 채우는 일에 대해 이야기하는 것은 다소 부적절한 일인 것처럼 여겨져 이 주제에 관한 기록은 끊임없이 다른 곳으로 흘러가버렸다. 역사 속에서 어떤 군대의 보급선이 끊겼다거나 기근이 번졌을 때만 이 주제가 다시 부각된다. 만약 우리 환경이 별 문제 없이 평범하게 이어졌다면 당시 사람들이 아침, 점심, 저녁으로 무엇을 먹었는지 궁금해 했을 것이다. 나는 이 책의 이야기들이 우리 음식 역사의 공백과 부정확함을 메워주고 바로잡아주기를 희망한다.

---

12 《요리하는 방법》(1377~1399년)

13 권두 삽화, 쥘 구페, 《페이스트리와 과자에 대한 왕실 요리책The Royal Book of Pastry and Confectionary》(1874년)

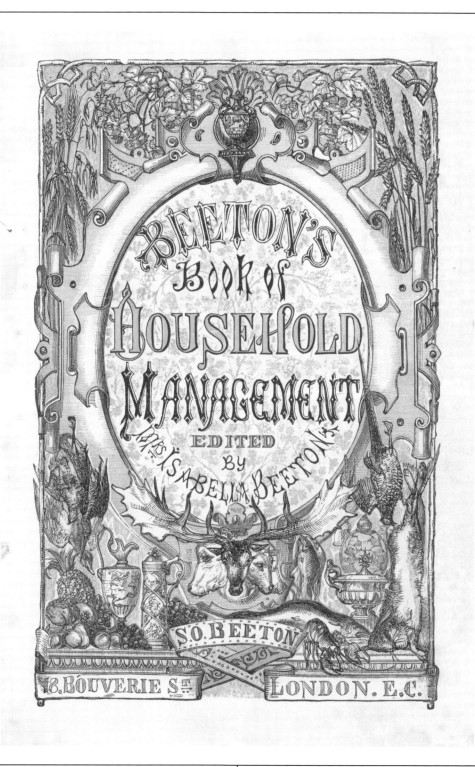

14

14 이사벨라 비턴 부인, 《살림에 관한 책》(1859~1861년). 비턴 부인은 서른 살이 되기 전에 생을 마감했지만, 그 의 책은 한 세기 가까이 영국 요리법에 커다란 영향을 미쳤다.

PERA

pera

STAN=
POLIS·

Porta delmeso

Sãs demet

palaciũ Impatius

Sãs Joħs d pera

porta

ypodomia

Sãs Joħs d
Andia

Blangā

portus sed destruiā
preceptio teutrorū

1

CARP

AND

THE

PEOPLE'S

CRUSADES

5세기 서로마제국이 멸망한 이후, 사람들 대부분이 문맹이었던 유럽은 깊은 침체에 빠졌다. 그들은 그나마 보유하고 있던 예술이나 건축술은 물론 실내 배관기술, 심지어 농업 지식까지 모조리 잊어버렸다. 로마 중앙정부와 유럽의 무역 네트워크가 제 기능을 잃은 상태에서 전쟁이 일어나고 전염병까지 창궐해 기승을 부리자 도시 인구는 급격히 감소했다. 로마의 지배 아래 사용했던 지식과 기술은 전부 쇠퇴했다. 그 결과 유럽은 로마가 지배하기 이전 시대보다도 더 형편없는 상태가 되어버렸다.

로마인들이 유럽에 전파한 신기술 가운데 하나가 바로 양어법인데, 연못이나 수로에서 식량으로 쓸 어류를 양식하는 기술을 말한다. 양어법으로 길러낸 다양한 어류 중에서도 특히 강꼬치고기와 잉어는 훌륭한 단백질 공급원이자 식단을 다양하게 해주는 식재료가 되어 유럽 서민들에게 환영받았다. 양어법이 널리 퍼지면서

3

로마제국 시민들은 지속적으로 큰 혜택을 누렸다. 어류는 쉽게 수확할 수 있고 질 좋은 식량이었을 뿐 아니라 지방 귀족에게는 세금 수입원이기도 했다. 로마제국 몰락 이후 서양에서는 어류 양식이 서서히 쇠퇴했지만 동양에서는 양어법이나 건축술, 실내 배관기술 등이 꾸준히 발전했다.

로마제국이 멸망하고 약 600년이 지난 서기 1095년, 교황 우르바누스 2세Pope Urban Ⅱ는 프랑스에서 열린 클레르몽공의회Council of Clermont(교황 우르바누스 2세가 교회 개혁을 위해 1095년 소집한 종교회의의 ─ 옮긴이)에서 전 세계 기독교 국가들을 향해 무기를 들고 이슬람 세력에 맞서 예루살렘을 되찾아달라고 호소했다. 그는 당시 엄청난 무리의 투르크의 침략에 대항해 원조를 요청하는 비잔틴제국 황제 알렉시우스 1세Alexius I의 편지를 받았는데, 십자군의 필요성은 몇 해 전부터 제기되어왔다. 그렇지만 실제로 본 적도 없고 로마제국이 멸망한 뒤 500년 넘

2

1 콘스탄티노플, 크리스토포로 부온델몬티Cristoforo Buondelmonti, 《자유의 군도Liber insularum archipelagi》(1482년).
2 성 안토니오는 맥각병 환자를 그렸다. 한스 폰 게르스도르프Hans von Gersdorf, 《외과수술에 관한 책Feldbuch der Wundartzney》(1551년).
3 세티미Settimii 저택의 로마시대 물고기 모자이크(기원전 1세기).

게 기독교인의 것이 아니었던 도시를 정복하기 위해 행진하자고 설득하는 일, 그것도 교육 수준이 낮고 무기도 부족하며 제대로 훈련받지 못한 데다 굶주리기까지 한 수많은 농민을 설득하는 일은 사실상 불가능했다.

그해 초 성안토니오수도회 병원은 교황 우르바누스 2세의 승인 아래 '성 안토니오의 불'이라 불리던 맥각중독증 환자를 치료하기 위한 의료 시설을 설립했다. 맥각중독증은 중세 유럽에 널리 퍼졌는데, 영양가 있는 낱알을 대체한 맥각균Claviceps purpurea에 오염된 곡물 알갱이를 섭취해 발생했다. 맥각중독의 증상은 리세르그산lysergic acid으로 인한 경련, 두통, 구토, 조증, 환각 등을 포함한다. 맥각중독 증상이 더 발전하면 괴저가 일어나는데 이는 맥각균의 혈관 수축 작용 때문이다. 중세시대 농부들은 자신이 무엇에 감염되었는지 알지 못했기에 그 증세는 해가 갈수록 더 심해졌다. 오늘날에도 맥각의 발병으로 밀 수확이 10퍼센트나 감소한 사례가 있다. 맥주와 수프, 빵이 주식이었던 농민들은 굶주릴 위기에 몰렸지만, 굶주림으로 인한 정신이상incipient madness과 단백질결핍증Protein deficiency이라는 두 질병 사이의 관계는 17세기 후반까지도 밝혀지지 않았다.

작자 미상의 《게스타 프랑코룸Gesta Francorum》('프랑크인의 행위', 1100년경)에 따르면, 교황 우르바누스 2세의 연설은 유럽 농민을 괴롭히던 '질병, 굶주림, 목마름 그리고 기타 병'을 떠올리게 했다. 피부 밑에 숨겨놓은 재물을 꺼내기 위해 기독교인들의 살갗을 찢어발기고 배 속

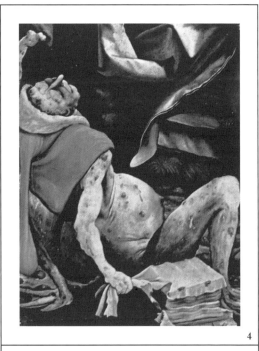

4

의 내용물을 확인하기 위해 억지로 토하게 하는 등의 잔학 행위들을 교황은 모두 이슬람교도들의 탓으로 돌렸다. 곧 그의 의도는 맥각균의 형태로 유럽을 괴롭히는 굶주림과 정신이상을 이슬람교도의 책임으로 몰아가려는 것이었다. 당시 유럽 지역 대부분은 힘겨운 암흑시대를 보내고 있었다(포크도 이로부터 400년 뒤에나 발명되었다). 반면 이슬람 국가는 세계 최고 수준의 과학, 수학, 의학, 공학 기술을 꽃피우던 시기였다. 참 아이러니한 이야기지만, 맥각중독 치료법은 물론이고 당시 유럽인들이 겪고 있던 여러 어려움에 대한 해결 방법이 이슬람 세계에 있었을 가능성이 훨씬 높은 상황이었다.

(품위 있는) 평등주의 그리고 실용적인 과학과 의학 기술 덕에 이슬람 국가의 모든 이들은 다양하고 질 좋은 식생활을 누릴 수 있었다. 로마인들이 이슬람 세계에 전파해주었을지도 모르는 획기적인 기술이 바로 양어법, 그중에서도 잉어 양식이었다. 잉어는 원래 중국에서 키우던 물고기로 번식력이 왕성하고 생장이 빠른 잡식성 어종이다. 잉어는 다양한 조건에서도 잘 견딘

4 맥각중독 증상을 겪는 사람. 마티아스 그뤼네발트Matthias Grunewald, 〈성 안토니우스의 유혹The Temptation of St. Anthony〉(1510~1515년), 이젠하임 제단화.
5 이븐 바크티슈Ibn Bakhtīshū의 잉어. 《동물의 특징에 관한 책Kitāb naʿt al-hayawān》(13세기), 이슬람 우화집.
6 《아슈케나지 전례서Ashkenazi Haggadah》의 유월절 만찬 풍경(1460년경).

صُورَةُ الشَّبُّوطِ

الشَّبُّوطُ مُعْتَدِلٌ مِنْ بَيْنِ أَصْنَافِ السَّمَكِ

مَائِلٌ إِلَى الْحَرَارَةِ لِسُرْعَةِ حَرَكَتِهِ وَكَثْرَةِ فَقَرَاتِهِ

مَرَارَةُ الشَّبُّوطِ أَنْفَعُ مِنْ سَائِرِ الْمَرَائِرِ وَيُقَوِّي

لَحْمُهُ الْأَبْدَانَ وَيَنْفَعُ الْمَهْزُولَ وَلَبَنَ ع. وَإِذَا أُخْلِطَتْ

مَرَارَتُهُ مَعَ مَرَارَةِ ذِئْبٍ وَأَمْسَكَتْهَا امْرَأَةٌ بِصُوفَةٍ

7

없이 완자 형태로 만들어 먹는다. 그래서 잉어 가시는 잉어의 결함이라기보다는 특징이 되었다). 하지만 동양에서는 잉어가 빠르게 자리 잡아 동서양의 단백질 섭취량은 큰 차이를 보였다.

1차 십자군 원정대는 보통 '민중 십자군'으로 알려져 있지만, '굶주리고 무시무시한 폭도의 십자군'이라는 말이 더 정확할 것이다. 민중 십자군은 변변한 무기 하나 없는 5만여 명의 농민들로 구성되어 있었다. 이들을 이끈 사람은 프랑스 북부 아미앵 출신으로 물고기와 와인으로만 연명했던 것으로 유명한 맨발의 은자 피에르였다. 이야기에 따르면, 몇 해 전 콘스탄티노플에 방문했을 때 또다른 생선 애호가인 나사렛 예수가 피에르에게 나타나 십자군 원정을 위해 설교할 것을 북돋았고, 또 '만나'로서 잉어 양식의 비법을 성지에서 가져가 고향에 전파할 것을 권유했다고 한다.

은자 피에르의 훌륭한 설교에 고무되고 기독교적 정신에 감동한 민중 십자군은 헝가리를 거쳐 유럽을 평화롭게 가로질렀고, 마침내 찬란한 도시 콘스탄티노플에 도착했다. 농담이다. 이는 사실이 아니다. 그들은 광란의 폭력과 무절제, 반유대주의로 무장한 채 약탈과 강도, 살인을 일삼으며 유럽을 가로질렀다. 이들은 대부분 무방비 상태로 평화롭게 살던 유대인들을 투르크인을 향한 새롭게 눈뜬 미움을 해소할 희생양으로 삼았다. 배를 채우는 것이 십자군의 목적이었다면 그쯤에서 멈췄어야 했다. 비주류적 신분 때문에 지하경제를 발전시켜야만 했던 유럽의 유대인들은 이미 몇 세기 전에 아시아에서 유럽으로 양식 기술을 들여왔다. 유대인들이 뒤뜰 연못에서 무엇을 기르는지 알아챘다면, 십자군들은 잉어 몇 마리를 훔쳐 집으로 가져가 연못을 파고 잉어를 키워 생선살을 평화롭게 먹을 수도 있었을 것이다.

하지만 십자군은 광란의 행군을 멈추지 않았고 마침내 기독교 세력권의 동쪽 경계선에 도

다. 물주전자에 잉어를 꽉 채워 넣고 음식물 찌꺼기를 먹이로 줘도 몇 주 동안 버텨냈으므로 먼 지역까지 운송하는 것도 가능했다.

서양에서는 중부와 동부 유럽의 아슈케나지 유대인을 제외하고는 잉어의 존재를 몰랐다 (잉어는 가시가 많기로 악명이 높아 유대인의 안식일에는 가시를 발라내는 것이 금지되었지만, 유대인은 잉어 가시에 젤라틴이 많아서 이것을 한참 끓이면 물러져서 아주 맛있는 물고기 젤리를 만들 수 있다는 사실을 알고 있었다. 남은 껍질로는 유대인의 전통 음식인 게필테gefilte[유대인들이 축제 기간에 먹는 생선요리 – 옮긴이]를 만들었는데, 요즘에는 주로 껍질

착했다. 십자군은 콘스탄티노플의 부와 아름다움, 눈앞에 펼쳐진 교회를 비롯한 여러 건축물들의 웅장함에 사로잡혔다. 프랑스의 수도승 풀셰Fulcher of Chartres는 예루살렘 초대 왕의 연대기 작가이자 참모이기도 했는데, 대규모 군대를 이끌고 콘스탄티노플에 도착한 뒤 그 도시에 대해 이렇게 묘사했다.

아, 참으로 훌륭하고 아름다운 도시로다! 수도원은 얼마나 많은지, 그리고 잘 만들어진 훌륭한 작품은 얼마나 넘쳐나는지! 도시 곳곳에는 경이로운 작품들로 가득하도다. 각종 물건, 곧 금 제품, 은 제품, 온갖 종류의 덮개, 성스러운 유물이 얼마나 풍부하게 그곳에 있는지 암송하는 것은 입이 아플 정도다. 계절마다 상인들은 사람들이 필요로 하는 모든 것을 끊임없이 그곳으로 실어 나른다.

콘스탄티노플의 보물을 본 십자군은 약탈에 더욱 힘을 기울였고, 채워지지 않는 탐욕으로 도시를 불태우고 짓밟았다. 도움을 요청할 목적으로 교황 우르바누스 2세에게 서신을 보냈던 엘렉시우스 황제는 통제가 불가능한 폭도들이 도착한 것을 보고 이들을 재빨리 보급을 준비하는 장소인 보스포러스해협 건너편으로 보내기 위해 배를 준비시켰다.

기독교인 무리들이 터키 마을에서 마주친 다른 기독교인들은 무거운 세금을 물고 있긴 했지만 놀랍게도 특별히 학대받지는 않았다. 피부 밑에 감춘 은을 찾기 위해 살가죽을 벗기거나, 위장에 숨긴 금을 찾기 위해 토하게 하거나, 알라신을 믿는 것을 거부한다고 해서 때리거나 불태우는 일도 없었다. 이상한 일이었다. 그러나

8

민중 십자군은 난동을 일으키는 데 점점 익숙해지면서 기독교인과 이슬람교도를 가리지 않고 약탈했다. 은자 피에르는 물고기만 먹었지만 그의 사단에게는 포로로 잡은 투르크인을 삶아 먹고 이들을 '새로운 만나'로 여기게끔 권장했다. 가장 가난하고 약한 십자군들은 싸우는 대신 적을 먹어치움으로써 전쟁에 일조했다.

1096년 시비토트전투Battle of Civetot에서 민중 십자군이 갑작스럽고도 수치스러운 최후를 맞이하기 직전, 묘하게도 은자 피에르는 보급품을 요청한다는 이유로 콘스탄티노플로 향한 덕에 간신히 목숨을 건졌다. 술탄의 간첩들이 퍼뜨린 거짓 소문 때문에 대담해진 십자군은 마음껏 약탈할 기회와 눈앞의 승리를 꿈꿨지만, 터키인들에게 기습을 당해 패배하고 만다. 은자 피에르는 아미앵으로 도망쳤다. 와인 몇 병과 잉어와 함께 유럽에 양어법을 보급하겠다는 불타는 열망을 품고 돌아간 것 같다. 이후 200년 동안 잉어를 먹은 십자군의 물결은 싸우고 배우고 파괴하기 위해, 또 먹기 위해 성지로 향했다.

7 종이에 목판 인쇄한 잉어와 제비 그림. 중국 소주, 청나라 시대(644~1753년).
8 유럽산 잉어tench, 잉어과 물고기roach, 모캐burbot 그리고 잉어Carp. 작자 미상의 삽화(1637년).

9

9 1차 십자군 원정 때 말을 탄 기사. 왼쪽 위의 조그마한 인물은 군사를 타이르는 은자 피에르로 보인다. 파올리노 베네토Paolino Veneto, 《대연대기Chronologia Magna》(1323~1350년경).

10 연못에서 하는 잉어 낚시, 빈첸초 세르비오, 《식칼》(1593년). 조각에 대한 대단히 영향력 있는 르네상스시대의 문서로, 새롭게 대중화된 포크의 사용법도 설명했다.

유럽에서는 잉어가 급격히 대중화되었고, 어류 양식은 성황을 이루었다. 가톨릭교회가 금요일마다 육류 먹는 것을 금지한 데다 내륙에서 바닷물고기 구하는 게 어려웠던 탓에 매주 수요가 생겨난 것이다. 푸짐한 잉어는 여러 세기 동안 식탁의 중심을 차지했다. 사실 중세시대를 통틀어 수도원이나 장원, 작은 마을은 잉어로 가득 찬 연못을 보유하지 않은 곳이 없었다. 잉어가 영국해협을 건너기까지는 시간이 좀더 걸렸지만, 17세기에는 영국 요리책에 잉어가 등장하기 시작했고, 잉어를 주제로 한 별도의 분량도 할애되었다.

잉어는 어디에나 있었지만, 유대인들과 중앙 유럽인들(폴란드인, 체코인, 슬로바키아인)만 주식으로 삼았다. 그들은 잉어를 성탄절 전야 축제의 메인 요리로도 만들었다. 17세기 들어 영국과 네덜란드인들도 잉어를 즐겨 먹긴 했지만 북아메리카대륙의 버지니아, 매사추세츠 그리고 퀘벡 같은 식민지에 정착하기 위해 건너간 유럽인들은 잉어를 가져가지 않았다. 19세기 초에는 아메리카대륙에도 잉어가 필요하다는 사실이 명백해졌다.

르 아브르에서 시작하는 대서양 횡단 노선의 소유주였던 헨리 로빈슨Henry Robinson이 프랑스산 잉어 수십 마리를 뉴욕 뉴버그에 풀어놓으면서 1831년 북아메리카에 잉어가 처음 등장했다. 아마도 예수의 명을 따른 것은 아니었던 듯하다. 당시 르 아브르는 아미앵에서 가장 가까운 주요 항구로, 잉어의 혈통은 은자 피에르의 시대까지 거슬러 올라가는 것으로 추정할 수 있다. 미국의 위대한 서커스 왕 바넘P. T. Barnum이 미국에 최초로 잉어를 들여왔다는 명예를 거머쥐려 했지만, 학자 대부분은 폭풍우로 로빈슨의 연못이 넘쳤을 때 잉어들이 허드슨 강으로 흘러들었다는 데 의견을 같이한다.

로빈슨이 이주시킨 원조 잉어의 명칭은 거울잉어, 가죽잉어, 일반 잉어였다. 이 책을 집필할 때 잉어가 미국의 공공수로, 특히 오대호를 점령할 것이라는 공포가 대대적으로 활자화되었다. 대부분의 이야기가 걷잡을 수 없이 번식해 토종 어류를 몰아내고 초목을 파괴하는 새로운 아시아 잉어Asian carp로 수렴된다. 특히 한 어종, 곧 은잉어Silver carp는 모터보트 소리에 놀라 위험하지만 생동감 있는 모습으로 수면 위로 뛰어오르곤 한다. 우리는 모든 잉어가 아시아 잉어라는 것과 이들이 양식장의 조류 성장을 통제하기 위해 수입되었다가 탈출했다는 사실을 쉽게 잊어버리는데, 이들은 가장 최근에 대양을 횡단한 잉어 부류다.

잉어는 처음에는 미국-멕시코전쟁 때문에 (1846~1848), 나중에는 미국 남북전쟁(1861~1865) 때문에 미국 전역으로 확산되지 못했다. 미국은 다시 통합되었지만 농업은 엉망이 되어버렸다. 특히 남부 사람들은 주된 단백질 공급원으로 옥수수에 크게 의존했는데, 이는 피부염, 설사, 치매와 같은 맥각중독과 유사한 증상을 일으키는 영양결핍병 펠라그라(니코틴산 부족으로 생기는 병 – 옮긴이)를 유발했다. 농경지는 파괴되었고 가족은 해체되었다. 전쟁이 끝났는데도 미국 남북 지역 간에는 불신만 남았다.

1870년대에는 잉어에 대한 사랑을 통해 분열된 국가를 통합하려는 목적으로 미국 정부가 잉어를 수입하기 시작했다. 대부분 독일에서 수입했는데(많은 사람이 여전히 '독일잉어German Carp'라고 부른다) 이를 위해 거대한 규모의 국유 양식장을 건설하기도 했다. 1870년대 말이 되자 미국 정부는 한 해에 한 번 잉어 복권사업을 추진했고, 미국 전역에 수만 마리의 잉어를 보급했다(1883년 한 해에만 301개 구역 중 298개 구역에 26만 마리 이상의 잉어를 공급했다). 현대 어업 보고서는 잉어 양식에 대한 당시의 '열정적 분위기'를 언급했는데, 복권사업은 언제나 모금액을 넘어섰다고 한다. 서로의 차이를 극복할 수 있다는 것에 기뻐하면서 무엇이든 공짜에 열광하는

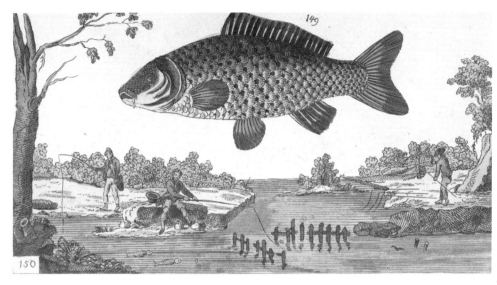

미국인들은 잉어를 최대한 더 많이 확보하기 위해 무척 애를 썼다. 잉어는 국유 양식장만이 아니라 연못, 운하, 도랑, 늪, 강(미시시피강을 포함하여), 호수(특히 이리호에서 잘 번식했다)에서도 양식되었다. 정부가 발행한 잉어 홍보지는 잉어 양식이 쉽고 재미있으며 잉어 번식이 다른 종과는 비교도 안 될 만큼 빠르다는 내용을 강조한 반면, 그 많은 잉어를 가지고 무엇을 할 수 있는지에 대해서는 작은 글씨로 가볍게 언급했다. 잉어를 '소유'하는 것만으로도 충분하게 여겨진 듯하다. 아이들이 탁구공을 조심스럽게 어항에 던져 넣으면 금붕어 한 마리를 가져갈 수 있는 주 박람회의 금붕어 경연대회를 둘러싼 흥분은 한때 미국을 사로잡았던 잉어 열풍의 흔적이다.

　양어 프로그램이 그토록 성공하고도 잉어는 미국 부엌의 주인공이 되는 데 실패했고, 19세기 북아메리카 요리책에서 잉어 요리 레시피를 찾는 것 역시 매우 어려운 일이 되었다. 메기, 넙치, 뱀장어를 재료로 하는 소박한 요리 레시피를 수록한 요리책에서조차 무척 흔하지만 준비하기 어려운 잉어 요리는 다루지 않는다. 영국 요리책은 미국에서도 자주 출간되었는데, 역시 잉어는 거의 다루지 않았고, 프랑스나 독일

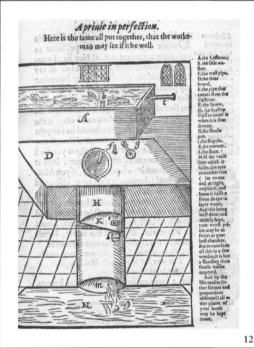

11 강에서 하는 일반 잉어 낚시. 고틀리프 토비아스 빌헬름 Gottlieb Tobias Wilhelm, 《자연사 담론Discourses on Natural History》(1812년).
12 고기 양식 기계에 대한 설명. 존 해링턴 경Sir John Harrington, 《수세식 화장실의 개조라는 진부한 주제에 대한 새로운 담론A new discourse of a stale subject, called the metamorphosis of Ajax》(1596년).
13 잉어 파이 조리법, 로버트 메이Robert May, 《완전한 요리사The Accomplisht Cook》(1671년).

To bake a Carp according to these Forms to be eaten hot.

Take a carp, scale it, and scrape off the slime, bone it, and cut it into dice-work, the milt being parboild, cut it into the same form, then have some great oysters parboild and cut in the same form also ; put to it some grapes, goosberries, or barberries, the bottoms of artichocks boild the yolks of hard eggs in quarters, boild sparagus cut an inch long, and some pistaches, season all the foresaid things together with pepper, nutmegs, and salt, fill the pyes, close them up, and bake them, being baked, liquor them with butter, white-wine, and some blood of the carp, boil them together, or beaten butter with juyce of oranges.

To bake a Carp with Eels to be eaten cold.

Take four large carps, scale them and wipe off the slime clean, bone them, and cut each side into two pieces of every carp, then have four large fresh water eels, fat ones, boned

잉어와 민중 삼자군 41

14

닫지 못한 잉어들은 계속해서 헤엄쳤고, 육중한 몸집과 낚싯줄로 유인하기 어렵다는 점을 좋아하는 비주류 낚시꾼에게만 사랑을 받았다.

미국 정부는 캘리포니아 서부 지역만이 아니라 에콰도르, 코스타리카, 멕시코(여전히 잘 자라고 있음) 지역으로도 엄청난 수의 잉어를 보냈다. 잉어는 캘리포니아에서 하와이로도 전달되었는데, 중국인과 일본인 정착민들에게는 환영을 받았다. 이들은 약 100년 전 아시아에서 '독일' 잉어를 가져온 정착민들과 같은 주민이었다. 이로써 잉어는 천 년에 걸쳐 지구를 한 바퀴 돌아 먼 친척뻘 되는 이들을 와일루쿠(미국 하와이 주 마우이 섬에 있는 도시 - 옮긴이)의 아름다운 관개수로에서 다시 만나게 되었다.

의 요리책 레시피들만 전형적으로 언급했을 뿐이다. 19세기 초반의 요리책에서는 보편적으로 등장했던 실제 영국식 잉어 레시피는 20세기 중반에 이르자 영국 요리책에서 자취를 감췄다. 비턴 부인이 《살림에 관한 책》에서 무려 한 장이나 할애해 싱싱한 잉어 요리를 다루었는데도 말이다. 잉어는 유대인이나 중국인 이민자에게는 여전히 매우 인기가 있는 음식이지만 미국에서는 음식 재료로 크게 각광받지 못했다. 잡식성이고 번식력이 무척 강하며 척박한 환경에서도 잘 적응하는, 때로는 식용으로 사용할 수 없는 것이라고 인식된 적도 많았던 잉어의 특성으로 미뤄볼 때 야생 잉어가 그토록 빨리 번식한 것은 그리 놀라운 일이 아니다. 1937년, 과학자들이 비타민 B_3 혹은 니아신niacin 형태로 된 간단한 화학적 처치를 이용해 펠라그라를 치료할 수 있게 되면서 잉어 유행은 20세기 초반 서서히 저물었다. 그러나 인기가 떨어졌다는 것을 깨

14~15 뉴욕 주 칼레도니아 부화장. 로버트 반웰 루스벨트 Robert Barnwell Roosevelt와 세스 그린Seth Green, 《물고기 부화와 물고기 잡이Fish Hatching and Fish Catching》(1879년).
16 가츠시카 호쿠사이Katsushika Hokusai의 목각화. 〈잉어 두 마리〉(1831년).

15

La Belle Limonadière.

LEMONADE

AND THE

PLAGUE

1668년, 10년 동안 잠잠했던 선페스트가 다시 창궐해 프랑스인들을 위협했다. 노르망디, 피카르디에서 보고된 선페스트는 수아송, 아미앵을 거쳐 끔찍하게도 센강을 따라 하류에 위치한 루앙에까지 퍼졌다. 이것이 무엇을 의미하는지는 누구나 알고 있었다. 불과 2~3년 전인 1665년과 1666년 사이에 런던은 10만 명 이상을 전염병으로 잃었는데, 이는 영국 전체 인구의 4분의 1에 육박하는 수였다. 이 질병으로 베네치아 인구 14만 명 가운데 약 3분의 1이, 밀라노 인구 13만 명 가운데 절반이 죽었던 1630년을 많은 사람이 떠올렸다. 공황 상태에 빠진 파리 공중보건국은 불가피한 재앙을 줄이고자 사람들을 격리하고 통상금지 조치를 시행했지만, 무서운 전염병은 수그러들지 않았다.

파리를 덮친 전염병은 17세기 유럽 유행병의 정점으로 비엔나(1679년에 8만 명), 프라하(1681년에 8만 명), 몰타(1679년에 1만 1000명)의 인구를 계속해서 살상했다. 아미앵의 시체 수는 3만 명으로 정점을 찍었다. 프랑스의 도시들은 파리를 제외하고 거의 살아남지 못했다. 이상하게도 파리는 기적처럼 아무 탈 없이 대부분 살아남았다. 일반적으로 중요한 도시일수록 교통량이나 사람들의 이동이 많고 인구밀도가 높기 때문에 전염병이 확산될 위험이 크고 감염 속도가 빠르기 마련이다. 유럽에서 거주 인구와 방문객이 가장 많은 프랑스의 수도가 유럽대륙 대부분을 초토화시킨 전염병을 어떻게 비켜갈 수 있었을까?

레모네이드는 세계 최초의 청량음료라고 한다. 선사시대부터 이집트인에게 전해 내려왔고 점차 전 세계로 퍼져나가 여름을 조금이나마 시원하게 만들어주었다. 레모네이드에 들어 있는 구연산은 박테리아의 성장을 막아준다. 이는 곧 레모네이드를 마시는 사람들이 전염병으로부터 살아남을 가능성이 조금이나마 높았다는 뜻이기도 하다. 21세기 초에는 소화와 해독을

2

돕기 위해 그리고 몸을 약알칼리성으로 유지하기 위해 뜨거운 물에 레몬 조각을 띄워 마시는 것이 유행했다. 나는 1668년의 몇 달 동안 레몬이 그 어떤 것보다 훨씬 큰 도움을 주었다고 생각한다. 그해 여름, 레모네이드는 유럽의 마지막 대역병으로 런던, 비엔나, 밀라노의 희생자 수에 수만 명의 파리 시민들이 추가되는 것을 막아주었다.

1650년대 후반 이후 이탈리아인들과 이탈리아를 방문한 사람들은 카페와 노점에서 아주 다양한 청량음료, 알코올음료, 혼합음료를 대접받았다. 제공되는 음료 중에는 오드비eaux de-vie(영어로는 브랜디―옮긴이)나 계피, 아니스, 참당귀, 산딸기, 호박, 사향, 살구, 건포도 같은 것을 섞은 다양한 알코올음료, 루이 14세가 제일 좋아했던 이포크라스hypocras와 같은 향료주, 아몬드와 장미수를 섞은 오르자orgeat 같은 무알콜음료, 그리고 레모네이드는 물론이고 그 걸쭉한 버전인 레몬즙, 과육, 껍질, 설탕, 물을 혼합

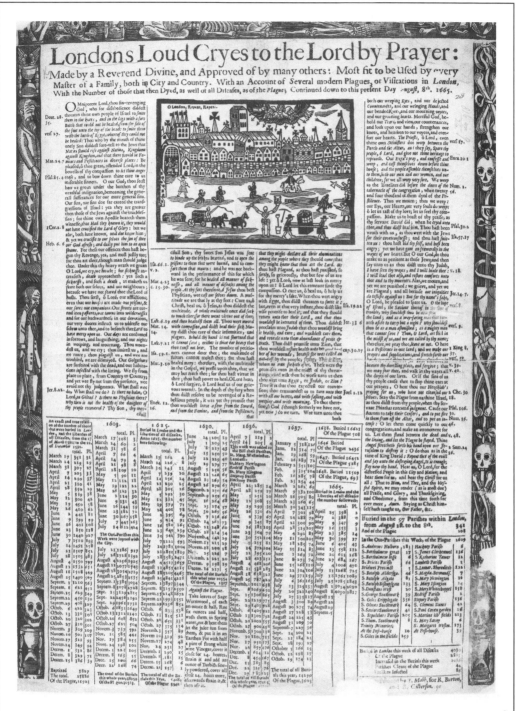

3

1 손으로 색칠한 에칭. 〈아름다운 카페 주인La Belle Li-
monadière〉(1816년).

2 1665년의 전염병. 제임스 헐릿James Hulett의 에칭과 조
각(1740~1771년경).

3 "신을 향한 런던의 통성 기도London's Loud Cryes to
the Lord by Prayer", 디바인 목사Reverend Divine 제
작(1665년).

4 파리 지도. 얀 지아른코Jan Ziarnko(1616년).

IHS

VIL

fides

porte st anthoine

porte du temp

S. Lurette

les fauxbours st dni H.?

les fauxbours monmartre

porte mon martre

음식과 전쟁 52

LIMON

PONZINV

CHALCEDONIVS

Pp

6

들로부터 큰 사랑을 받았던 기념비적인 요리책이다. 레몬과 오렌지 껍질을 이용한 레시피 또한 《완벽한 잼 만들기: 또는 새롭고 완벽한 잼 만드는 사람Traité de Confiture: ou le nouveau et parfait confiturier》(1667, 대개 라 바렌의 레시피에 기반을 둠)에 등장했다. 세금을 매길 만한 새로운 것이 나타나는 것을 가장 좋아했던 추기경 마자린은 죽기 직전에 레모네이드 제조자를 파리로 데려갔다. 세계적 수준의 과대망상증 환자였던

한 에그르 드 세드르aigre de cedre가 있었다. 그러나 이탈리아에는 비용 문제와 더불어 레몬을 재배하기에 적합한 땅이 많지 않았기 때문에 레모네이드 공급은 잠시 감소했다. 그 뒤 과육이 더 단단하고 과즙이 더 많은 레몬 종이 재배되었는데, 곧 교역이 활발해지면서 레모네이드 가격이 하락해 인기는 다시 치솟았다. 레모네이드는 맛있는데다 상쾌하기까지 해서 수많은 로마인들이 무더운 여름을 맞아 레모네이드를 찾았고, 이에 노점상들은 아예 레모네이드 통을 짊어지고 시내를 돌아다녔다.

　　프랑스 왕의 재상이 된 극악무도한 추기경 리슐리외Richelieu, 1585~1642의 뒤를 이은 추기경 마자린Mazarine, 1602~1661처럼 이탈리아를 방문했던 파리지앵이 왜 레모네이드 파는 행상을 아름다운 그들의 도시로 데려가지 않았을까 하는 의문점은 남는다. 물론 파리에서도 레모네이드를 마시긴 했다. 이는 프랑수아 피에르 라 바렌의 《프랑스 요리》라는 책에도 등장한다. 이 책은 당시 인기가 무척 많은데다 영향력이 커서 발간 2년 뒤 영어로 번역되어 한 세기 이상 사람

7

5 "리몬 폰지누스 칼세도니우스Limon ponzinus chalcedonius", 조반니 바티스타 페라리Giovanni Battista Ferrari의 《요정들의 정원 가꾸기Hesperides siue de Malorum Aureorum cultvra et vsu libri quatuor lo》(1646년). 과일에 대한 첫 주요 식물학 저작.
6 오렌지와 레몬 나무, 얀 반 데어 그로엔Jan van der Groen, 《네덜란드 정원사Le jardinier du Pays-Bas》(1672년).
7 〈이탈리아의 레몬 행상Italian street seller of lemons〉, 안니발레 카라치Annibale Carracci의 동판화(1646년).

마자린이었지만, 레모네이드가 몇 년 사이에 그
토록 많은 생명을 구하게 될 줄은 알지 못했을
것이다.

　사람들은 유럽에 퍼진 선페스트를 두고 보
통 벼룩에 물렸을 때 감염된다고 생각했다. 오늘
날에는 많은 사람이 동아시아 지방에서 출발한
배에 우연히 올라 탄 게르빌루스라는 쥐에 있던
페스트균Yersinia pestis에 감염된 벼룩이 이 병
을 옮겼다고 믿고 있다. 이 게르빌루스쥐들이 유
럽에 도착했을 때 쥐에 기생하던 벼룩은 도처에
널린 유럽 쥐들에게로 옮겨갔다. 균을 보유한 벼
룩들은 시궁쥐들에 올라타 도시 전역으로 퍼져
나갔고, 그들의 숙주였던 시궁쥐들이 죽으면 사
람이나 가축에게 향했다. 그리고 사람이나 가축
이 죽게 되면 다시 시궁쥐들에게 돌아갔다. 즉

시궁쥐 입장에서는 사람이 자기들에게 벼룩을 옮겼다고 비난할 수도 있는 것이다. 물론 그것은 사실이다. 이런 전염 방식의 핵심은 도시 시궁쥐와 사람이 얼마나 가깝게 사는지에 있다. 사람들은 어디에서나 유기물 쓰레기를 만들어내고 시궁쥐는 이를 처분한다. 선페스트는 황폐화를 유발하기도 하지만 사실 대도시 전역으로 퍼지기에는 놀라울 만큼 허약한 구조. 연쇄 고리의 구성요소인 벼룩과 시궁쥐와 인간은 박테리아가 전염병을 유발시키기에 적합하도록 완벽한 조건을 갖추고 있어야 한다. 만약 그렇지 않다면 전염을 일으키는 균은 제대로 옮겨가지 못하고 흐지부지 사라져버린다. 이는 왜 전염병이 유럽을 계속해서 감염시키지 않고 수백 년에 한 번씩 나타나 유행하는지, 또 전염병이 왜 1668년 파리에서 소멸되었는지 설명해준다.

파리 사람들이 이탈리아 풍의 음료를 마시던 유행은 1660년대 후반부터 1670년대 초반에 걸쳐 정점에 달했다. 당시 이는 무척 유행해서 1676년 루이 14세는 '식초·겨자·소스제조 판매조합Vinaigriers moutardiers sauciers distillateures en eau-de-vie et esprit-de-vin buffetiers'과 결합해 레모네이드 사업을 하기로 합의했는데, 이 조합은 1394년, 당시 프랑스 왕정에 쥐어 짜이던 양조업자, 겨자 분쇄업자, 식초 제조업자들이 모여서 결성한 것이다. 이 조합은 많은 생각을 하게 만드는데 사실 이는 세계 최초의 법인이었다. 이 동맹은 그들이 생각했던 것보다 훨씬 긍정적인 역할을 수행했는데, 수백 년간 식초는 가장 효과적인 전염병 퇴치제라는 가장 중요한 자리를 차지했기 때문이다.

17세기에 이르자, 사람과 사람 사이의 전염

10

이라는 역학이 이해되기 시작했다. 해충의 역할을 알아내는 데 몇 백 년이 걸리면서 감염된 사람에게서 병균이 퍼져나가는 것을 막는 효과적이고 다양한 예방법이 고안되었다. 환자를 다루는 것보다 스스로의 건강을 더 걱정했던 게 분명했던 의사들은 공기 중에 떠다니는 병원균에 대항하기 위해 검은 가운을 입고, 식초와 허브를 채우거나 스며들게 한, 새처럼 부리가 긴 마

8 프랑수아 피에르 라 바렌, 《프랑스 요리》의 표지와 속표지 (1653년).
9 《완벽한 잼 만들기; 또는 새롭고 완벽한 잼 만드는 사람》의 표지(1667년).
10 17세기 유명한 전염병 의사의 복장. 긴 '부리'에는 더러

운 공기로부터 몸을 보호해준다고 여기던 허브와 식초가 들어 있다. 수채화(1910년경).
11 현미경으로 확대한 벼룩의 모습. 로버트 훅Robert Hooke, 《마이크로그래피아Micrographia》(1665년).

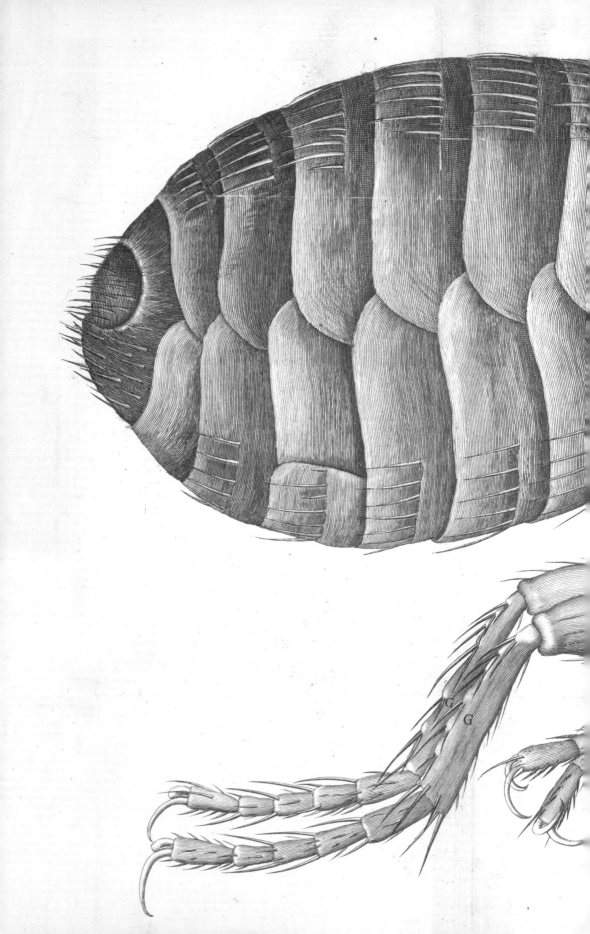

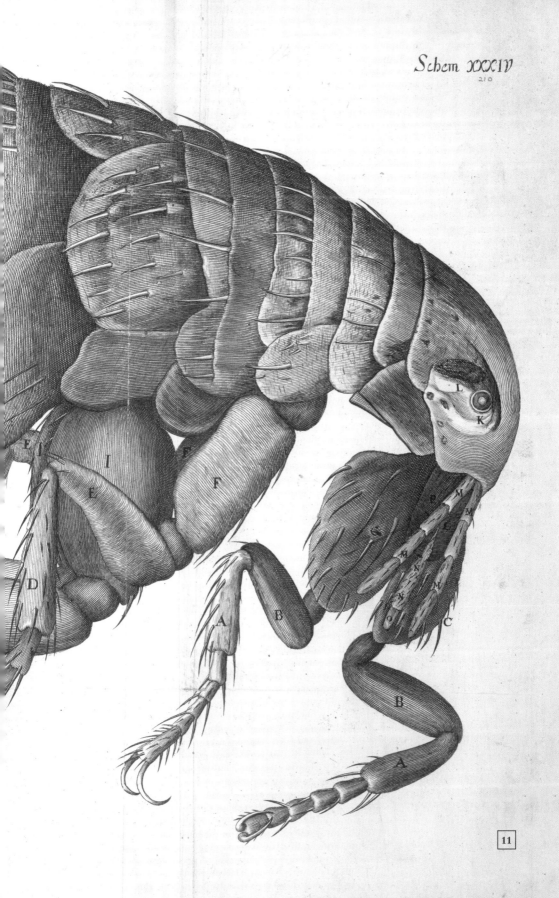

QUI DOVE ESISTE QUESTA PIAZZA
SORGEVA UNA VOLTA TONSTRINA
A GIO. GIACOMO MORA
IL QUALE FATTA CON GUGLIELMO PIAZZA
PUBBLICO COMMISSARIO DI SANITA
E CON ALTRI UNA COSPIRAZIONE
CON MORTALI UNGUENTI QUA E LA DISPERSI
MANDO MOLTI A CRUDA MORTE
GIUDICATI PERTANTO AMBIDUE NEMICI DELLA PATRIA
SOPRA ALTO CARRO
TENAGLIATI PRIMA CON ROVENTE MORSA
E PRIVATI DELLA MANO DESTRA
COMANDO IL SENATO
DI FRANGERLI COLLA RUOTA
E NELLA MEDES. INTRECIATTE DOPO SEI ORE DI SCANNARLI
QUINDI DI ABBRUCIARLI
ED ONDE NIENTE RIMANGA DI SI SCELERATA GENTE
III GETTARE LE CKNERI NEL FIUME
E CONFISCATI BENI
DALLA QUAL COSA ONDE SIA LA MEMORIA ETERNA
COMANDO DI DISTRUGGERE
QUESTA CASA OFFICINA DI TANTA SCELLERAGGINE
E DI NON MAI POSTERIORMENTE RIIFFICARIA
ERRIGGENDO UNA COLLONA
CHE SI CHIAMI INFAME
LUNGI DA QUI LUNGI PERTANTO
CITTADINI BUONI
ONDE L INFELICE INFAME SUOLO
NON VI CONTAMINI
ANN. MDCXXX. I. AGOSTO

COLLON

INFAMI

| ESEVO PUB. PRESID. | PRESID DEL SENATO | R JUSTITIÆ |
| MANT. MONZIO SENATOR | GIO. BATTA. TROTTO | CAPITION IS BATTISTÆ VICE COMITÆ |

E

D

A

B   B

12

FRENCH·LEMONADE·MERCHANT.

Pub.^d accord^g to Act of Parl.^t June 1th by <del>H.</del> Bunbury 1771.

13

스크를 썼다. 또 사회적 혼란을 이용해 활개를 치던 네 명의 도둑 패거리가 있었는데, 그들은 자신들만의 비법으로 만든 '4인조 도둑의 식초 vinaigre des quatre voleurs'라는 혼합액을 사용해 전염병을 비켜갔다. 이 혼합액은 허브와 마늘, 식초를 섞은 것으로, 더러운 공기가 들어오는 것을 막기 위해 천에 적셔 입에 대거나 코 주변에 발랐다. 이는 페스트 감염을 막는 쉬우면서도 좋은 방법으로 밝혀졌는데, 이 레시피는 20세기 요리책과 의학책에까지 수록되었다. '4인조 도둑의 식초'가 널리 퍼졌다면, 파리 외의 다른 도시들도 전염병을 피할 수 있었을지 모른다.

이 치료법으로 알아내지 못한 것은 정확한 매개체였다. 문제의 핵심은 시궁쥐나 오염된 공기가 아니라 벼룩이었다. '4인조 도둑의 식초'를 마시거나 전염병 방지용 의사 마스크를 쓰는 것은 박테리아가 가득한 타액과 접촉함으로써 발생하는 사람 간의 전염을 막거나 벼룩을 떼어내는 데는 도움이 되었겠지만, 전염병의 확산을 예방하는 데는 그다지 큰 역할은 하지 못했다. 그렇다! 나는 1668년 여름 파리가 전염병으로부터 안전했던 것은 오로지 레몬 덕이라고 생각한다.

파리에서 레모네이드는 굉장히 빠른 속도로 퍼져나가 전염병이 도시를 엄습했을 당시에는 거리의 레모네이드 공급업자들이 레모네이드 사업을 장악하고 있었던 듯하다. 레모네이드는 무척 인기가 있었을 뿐 아니라 흔하기까지 했다. 레모네이드 판매업자들 덕에 도시 전역에서 손쉽게 사 먹을 수 있었던 것이다. 레몬(혹은 다른 감귤류)에 함유된 리모넨limonene이라는 성분은 자연 살충제이자 구충제다. 특히 레몬 껍질에 리모넨이 가장 풍부하게 함유되어 있다. 실제로 미국환경보호청이 일반 해충 스프레이나 애완동물에 기생하는 벼룩과 진드기 퇴치제에 들어 있는 열다섯 가지 살충 성분 가운데 리모넨을 가장 효과적인 성분으로 꼽았을 정도다. 프랑스인들은 에그르 드 세드르를 만드는 데 쓰인 레몬 껍질과 짓이긴 레몬을 '벼룩-시궁쥐-사람-시궁쥐'라는 감염의 순환 사슬을 깨기 위한 가장 적합한 장소에 내다버렸는데, 그곳은 바로 쓰레기장이었다. 이렇게 해서 파리는 비록 우연일지라도 레몬 때문에 전염병으로부터 효과적인 보호를 받았다. 레모네이드 공급업자들은 부유한 지역을 관할했는데, 여기서 나온 레몬 껍질과 과육 찌꺼기가 가난한 사람들이 모여 살던 구역을 보호한 것이다. 시궁쥐들은 막대한 양의 레몬 때문에 괴로웠겠지만, 잡식성이었기에 분명 새로운 맛을 경험하는 행복도 누렸을 것이다. 이렇게 해서 전염병 박테리아에 감염된 벼룩들이 서서히 사라지지 않았을까.

최근 등장한 다양한 음료 또한 벌레나 곤충

---

12 밀라노에서 전염병 보균자로 의심받은 사람들에 대한 고문과 처형(1630년).

13 프랑스 레모네이드 상인의 캐리커처. 헨리 윌리엄 번버리Henry William Bunbury(1771년).

14 노점에서 레모네이드를 구입한 노인의 풍자화(1814년).

LE NOUVELLISTE EN DÉPENSE

Déposé à la Direction de la Librairie &c.

14

들이 싫어하는 다음과 같은 성분들을 포함하고 있다. 오 다니스eau d'anise의 아니스, 에스프리 드 주니에브르esprit de genièvre의 향나무, 오 드 코리앙드르eau de coriandre의 고수, 오 드 페누이유eau de fenouil의 회향 들인데, 이런 목록은 끝이 없다. 사실 수입 음료에 사용된 가장 흔한 허브들 중 상당수는 '4인조 도둑의 식초' 성분이기도 하다. 1668년 파리에서 전염병을 옮기는

벼룩에게 안전한 곳은 없었다. 시궁쥐들을 쉽게 볼 수 있는 쓰레기장이나 하수구에는 리모넨을 비롯한 다른 구충 성분이 가득해서 벼룩이 살아남기란 불가능했을 것이다. 생기를 잃은 수백만 마리의 벼룩은 거리에서 죽어나간 게르빌루스쥐들을 그리워했겠지만, 시궁쥐와 사람들은 그 덕에 행운을 누렸다.

　그 후로 몇 년 동안 모든 사람이 선페스트

가 재발한 사건에서 파리를 구한 공을 차지하기 위해 분투했다. 1667년 파리의 초대 경찰총장으로 임명되었던 가브리엘 니콜라 드 라 레이니Gabriel Nicolas de la Reynie는 평화를 유지하고 전염병이 뿌리 내리지 않도록 하는 혁신적인 법을 집행해 단기간에 좋은 평판을 얻었다. 무역 품목을 파리에 들여오기 전, 물품의 공기 접촉에 관한 조건을 까다롭게 하는 규정을 강행했던 당시 재무장관 장바티스트 콜베르Jean-Baptist Colbert를 비롯한 여러 공직자들, 장관 당시 치안판사였던 자크 벨린Jaque Belin 그리고 주요 조합 여섯 곳은 자신들의 선견지명을 두고 자화자

찬했다. 이들을 지켜보았던 왕실 평의회는 그들을 격려하고 더욱 강력하게 지원하기 위해 사람들을 고용했고, 루이 14세는 스페인으로부터 벨기에의 몇몇 도시를 탈환해 합병한 것을 축하했다. 하지만 오늘날 파리에 사는 사람 중 누군가는 정신을 차리고, 쓰레기 더미 위에 서서 한쪽 어깨에 레몬 껍질을 올린 채 당당히 앞을 응시하고 있는 레모네이드 판매상의 동상을 세우게 될 것이다. 어쩌면 동상 앞에 다음과 같은 문구를 써놓을지도 모르겠다. "시궁쥐야, 미안해. 전염병이 다 너 때문인 줄 알았구나Les rat, désolé, nous toujours avons pensé qu'il était vous."

16

---

15 거래 품목 중에 잎과 허브 옆에 있는 커다란 레몬 병을 보라. 〈꼭 필요한 약초 판매상La Nécessaire Herboriste〉(1827~1829년).

16 19세기 후반 프랑스의 레모네이드 광고.

17 뉴욕에서 아이스 레모네이드를 광고하는 석판화(1879년경).

ICED LE

COOL & RE

NEW YORK, PUBLISHED BY CURRIE

MONADE

FRESHING

SAU ST. COPYRIGHT, 1879

LIBRARY OF CONGRESS
No. 14054 10
CITY OF WA

17

BOVRIL
EUROPE
ASIA
AFRICA
INDIAN OCEAN
AUSTRALIA
FLUID BEEF
BOVRIL
SUPPORTS THE WORLD

REGISTERED. Cocksedge & Harverson, Lith. Stratford, London. DESIGN.

EXTRACT

ABSTRACTION

이 모든 것은 사람들, 그중에서도 육군과 해군이 막대한 양의 수프를 운반하지 않고도 막대한 양의 수프를 휴대하길 바란 데서 비롯되었다. 17세기 중후반에 사람들은 국물에서 수분을 제거해 운반이 편리하도록 만든 뒤 이를 다시 액체 형태로 전환시킬 수 있는 방안을 개발해냈다. 그렇게 만들기 시작한 것은 기록에서 알 수 있듯 보편적인 일이었다. 국물을 고체로 만들려는 시도는 사람들이 오랫동안 그 아이디어를 붙들고 재미 삼아 해보던 일임이 분명하다. 그러나 시간과 비용이 많이 들었고, 졸인 국물을 고체로 응집시키는 일이 까다로웠기 때문에 레시피가 나오기까지는 상당 기간이 소요되었다. 뱅상라 샤펠Vincent La Chapelle이 1733년에 《현대 요리The Modern Cook》(프랑스에서는 1735년 《현대 요리사Le Cuisinier Moderne》라는 제목으로 발간됨)를 썼는데, 이 요리책은 최소한 50년 동안 여러 곳을 떠돌아다녔음에도 책에 실린 레시피는 완전히 '미친 소리' 취급을 받았다.

"외국으로 쉽게 가져갈 수 있고 일 년 이상 보관할 수 있는 수프 덩어리 만드는 방법"

황소를 4등분한 것과 송아지 한 마리, 양 두 마리 그리고 24마리의 암탉이나 수탉 혹은 12마리의 칠면조의 털을 뽑고 내장을 빼낸다. 그런 다음 송아지 고기와 함께 으깬다. 그 뒤 전체를 깨끗하게 다듬어 끓인 송아지 발과 양의 발을 더해 커다란 구리 냄비에 모두 넣고….

따로 끓여낸 뒤 뜨거울 때 발라낸 녹각정 부스러기 12 혹은 15파운드 정도를 달이는 국물에 첨가하라.

그리고 네 통의 물을 넣어라. 냄비 뚜껑을 꼭 닫고 그 둘레를 반죽으로 밀봉한 뒤 16파운드 무게의 물건을 그 위에 얹어라. 국 위에 떠오르는 거품을 걷어내지 말고 고기가 잘 익어 뼈가 쉽게 분리될 때까지 약한 불에서 6시간 이상 끓여라.

그런 다음 큰 뼈를 발라내고 뭉근하게 끓인다. 충분히 끓였다면 고기를 얼른 건져내 다진 뒤 커다랗고 뜨거운 철제 압착기에 넣어 육수를 완전히 짜내라.

이 과정이 끝나면 짜낸 육수를 수프가 남아 있는 냄비에 넣어라. 그러곤 고운 체로 찌꺼기를 모두 걸러내라. 국물이 식으면 그 위에 뜬 기름을 걷어내고, 이 수프에 적당량의 소금과 흰 후추, 정향을 재빨리 넣어라. 이를 다시 끓이면서 (접시에 부었을 때) 꿀처럼 끈적한 갈색 젤리로 변할 때까지 계속 저어라. 그런 다음 불을 끄고 반쯤 식힌다. 그리고 길고 넓적하고 깊이가 3인치를 넘지 않는, 유약을 바른 토기에 붓는다. 다 식으면 뜨거운 구리 오븐이나 다른 오븐에 넣어 말린다. 덩어리가 타거나 건조해지지 않도록 주의하라. 풀처럼 끈적거리되 손으로 쉽게 부서질 정도여야 한다. 그리고 필요할 때 사용할 수 있도록 수프 덩어리를 1~2온스씩 재서 유리병이나 박스 혹은 통에 넣고 밀봉한 뒤 시원하고 건조한 곳에 두어라. 이 덩어리는 물에 넣으면 매우 풍미가 있어서 일반적인 육수나 수프 재료로 쓰일 수 있다.

휴대용 수프를 만드는 일은 19세기로 접어들면서 다시 활발해졌다. 럼퍼드 백작으로 알려진 발명가 벤저민 톰프슨Benjamin Thompson, 1753~1814은 영국계 미국인으로 동시대인인 벤저민 프랭클린Benjamin Franklin, 1706~1790과 마찬가지로 국가의 충신이었다. 당시 독일 군대는 그 어느 때보다 심각한 배급 위기를 겪고 있었는데, 이와 반대로 미국인들은 더 행복해지고 건강해지기 위해 휴대용 수프를 음미했다. 럼퍼드는 휴대용 수프가 주는 행복감이 단순히 수프를 먹는 데서 오는 즐거움과 영양학적 가치를 합한 것 이상으로 무척 중요하다는 사실을 명민하게 인식했다. 럼퍼드는 진주보리, 쪼갠 완두콩, 감자, 빵, 소금과 식초로 아주 간단한 수프를 발

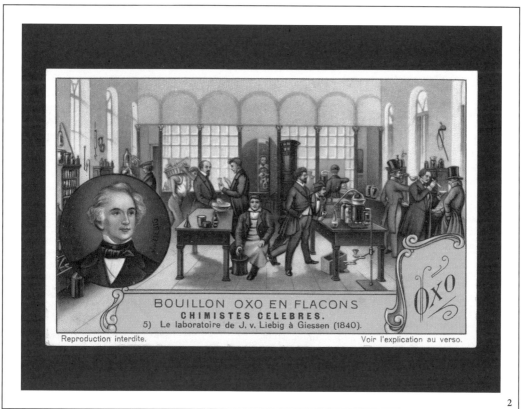

BOUILLON OXO EN FLACONS
CHIMISTES CELEBRES.
5) Le laboratoire de J. v. Liebig à Giessen (1840).
Reproduction interdite.
Voir l'explication au verso.

명했는데, 이는 음식이 마음에 미치는 영향이 얼마나 큰지 잘 보여준다. 수프를 뭉근히 끓이면 그 안의 재료들이 맛의 핵심적인 결정체를 만들어냈다. 이 수프는 영양가가 더 높은 고기를 넣고 끓인 수프와 비슷한 맛이 나서 럼퍼드가 그토록 갈구하던 포만감을 안겨주었다.

휴대용 수프 개발과 관련된 연구가 점진적으로 발전했는데도(1831년경 니콜라 아페르Nicolas Appert가 통조림을 개발할 때까지) 이를 만드는 레시피나 과정에 관한 본질적인 내용은 리비히육즙회사가 1865년 남아메리카에서 대량생산하기 전까지 변한 게 없었다. 독일의 저명한 화학

자 유스투스 폰 리비히Justus von Liebig, 1803~1873 남작은 지금도 그 이름이 전해지는데, 그의 이름과 이론을 모두 리비히육즙회사에 남겼기 때문이다. 리비히는 그의 저서 중 하나인《화학통신 Chemical Letters》(1843)에서 당시 남아메리카의 목축업은 일반적으로 가죽 생산이 목적이므로, 가죽을 제거하고 남은 고기를 이용해 막대한 양의 육즙을 생산한다면 영국산 쇠고기를 구매할 능력이 없는 가난한 유럽 사람들에게 저렴한 가격으로 육류의 영양을 제공할 수 있을 것이라고 말했다. 몇몇 진취적인 사람들이 이 글을 읽고 재정적인 후원을 얻어냈고, 리비히에게 자신들

---

1 "세상을 지원하는 보브릴"이라는 문구를 담은 광고 포스터(1885년경).
2 리비히 트레이딩 카드(trading card, 대개는 스포츠 선수나 유명인의 모습이 인쇄된 카드로, 수집하거나 교환한다－옮긴이). 유스투스 폰 리비히와 실험실 전경. 리비히육즙회사는 상품을 광고하기 위해 수천 장의 트레이딩 카

드를 출시했다. 각 세트는 특정 주제에 대한 여섯 장의 카드로 구성된다.
3~4 리비히 트레이딩 카드 네 세트. (왼쪽부터 오른쪽으로) 라인강 전경, 비유럽권 해협, 유럽권 해협, 프랑스의 강들 (19세기 후반).

의 계획에 동참하라고 설득했다. 그들은 우루과이강 인근의 프레이 벤토스에서 소 2만 8000마리를 가지고 사업을 시작했는데, 비율상 30킬로그램의 쇠고기를 1킬로그램의 육즙으로 농축하는 공장을 지었다. 당시 육즙 생산공정은 산업화된 형태이긴 했지만, 130년 전 라 샤펠의 레시피 못지않게 기이한 모습이었다. 그러나 규모는 어마어마했다.

육즙 추출 개념은 고기 육수를 농축시키면 반죽으로 졸이는 '글라스 드 비앙드glace de viande'를 민드는 프랑스 기술과 비슷하다. 그러나 대개 그렇듯 산업화는 속도와 효율성을 가속화하면서 역겨운 물질도 엄청나게 만들어냈다. 발효된 악명 높은 식물과 고대 로마의 생선소스 가룸garum에서 나는 듯한 지독한 냄새 때문에 후각 능력에 문제가 있지 않고서는 그 누구도 리비히육즙회사의 공장 근처에 가려 하지 않았다. 그렇지만 가룸 소스의 생산 방식(물고기를 소금물에 불렸다가 따뜻한 태양빛 아래에서 최소한 한 달간 건조시킨다)과 달리, 리비히의 공장은 거대한 강철 롤러를 이용해 쇠고기를 분쇄한 다음 이를 끓이고 찌고 되직하게 농축해 걸쭉한 갈색 육즙으로 생산해냈다. 이 걸쭉한 육즙은 병에 담겨 영양분이 30분의 1로 농축되었다는 과장된 문구를 달고 영국으로 보내졌다.

리비히의 육즙은 처음에는 꽤나 인기를 끌었는데, 그 이유는 이 육즙이 사람들에게 '존스턴의 쇠고기액Johnston's Fluid Beef'(1870)과 '리비히의 쇠고기 육즙과 몰트 와인Liebig's Extract of Meat and Malt Wine'(1881)이라는 매력적인 이름으로 소개되어서다. 두 제품은 나중에 보브릴Bovril과 원카니스Wincarnis로 각각 이름을 바꿔 달았는데 모두 놀라우면서도 약간은 불안한 인기를 누렸다. 보브릴은 조미료로서 또는 뜨거운 음료의 첨가물로서 지속적으로 인기를 끌었다(뜨거운 우유와 함께 온전한 쇠고기 맛을 느껴보세요). 보브릴은 '소bovine'(라틴어로는 'bovem')라는 말과 에드워드 불워 리턴Edward Bulwer-Lytton, 1803~1873(영국의 소설가, 극작가, 정치가—옮긴이)의 《미래의 인종The Coming Race》(1871)에서 막대한 힘을 이끌어낼 때 쓰는 신비로운 전자기 물질인 '브릴vril'이라는 단어를 결합한 합성어다. 실제로 19세기 후반에는 어떤 상품에 약간의 과학적 지식만 더하면 그야말로 히트를 쳤다.

상상을 초월할 정도로 큰 이익을 남긴 리비히육즙회사(어쨌든 남미의 목축업 때문에 광범위한 벌채가 이뤄진 데 대한 책임이 있는)의 보브릴은 과학이 효율적일 뿐 아니라 신비로우며 모든 것을 새롭게 고칠 수 있는 것이라고 인식되었던 시대를 대표하는 존재가 되었다.

이후 일부 과학자들은 리비히 육즙의 영양 성분을 분석했는데, 쇠고기를 으깨고 분쇄하고 끓이고 압착하면 영양소가 상당 부분 파괴된다는 것을 밝혀냈다. 그러자 리비히육즙회사는, 현대 비즈니스 용어를 빌리자면, 방향을 돌려 그들이 만든 육즙이 마음에 위안을 주는 음식이라고 홍보하면서 중산층 가정을 겨냥해 제품을 새롭게 출시했다. 이것이 먹히리라고 기대하지 않았을 수도 있다. 이 제품은 처음 개발될 때부터 군인이나 빈곤한 이들 그리고 불편하게 손질하는 일 없이 그저 많은 양의 고기를 섭취하고자 했던 사람들이 편하게 가지고 다닐 수 있도록 하려는 목적에서 막대한 양의 쇠고기를 응축시켜 유리병에 주입한 것이었기 때문이다. 어쩌면 영양 면에서 가치가 낮은데다 시장가격조차 너무 비싸 실패한 제품이 되었어야 했다. 그러나 결과는 그렇지 않았다. 중산층은 새롭게 출시된 육즙이 원래는 그들을 목표로 한 것이 아니라는 사실을 전혀 모르는 듯 게걸스레 먹어치웠다.

5~6 존스턴의 쇠고기액을 광고하는 스티커(1885년경).
7 프레이 벤토스로 향하는 소떼, 남아메리카에 있는 리비히육즙회사의 작업, 〈일러스트레이티드 스포팅 앤드 드라마틱 뉴스The Illustrated Sporting and Dramatic News〉(1890년).

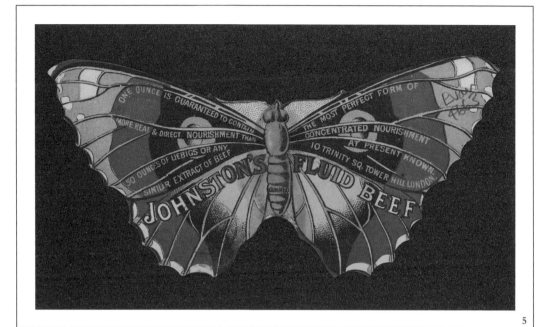

1902년 리비히는 효모세포에서 효소를 추출해 먹을 수 있다는 사실을 발견했는데 이는 곧 시장에 큰 영향을 미쳤다. 발견은 자연스러운 것이었다. 리비히 육즙의 매력이 단지 영양이나 맛 때문이 아닌 아직 밝혀지지 않은 또다른 요인 때문이 아닐까 하는 생각이 들자 리비히는 이런 형언하기 힘든 매력의 원천을 연구했고, 효

모세포 내에서 그 답을 발견했다. 그렇게 해서 세상에 나온 것이 바로 마마이트Marmite(맥주 효모 추출물을 분해·농축해 만든 것─옮긴이)다. 사실 마마이트라는 이름은, 만약 이 제품명을 지을 때 내용물을 담은 둥근 솥의 이름을 차용하지 않았다면 '리비히의 말로 형언하기 어려울 정도로 맛있는 효모 내장'이 되었을 수도 있다.

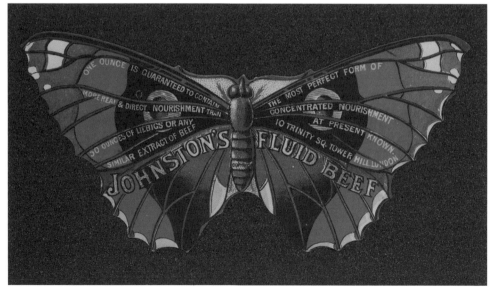

CATTLE ON THE MARCH TO FRAY BENTOS, T
IN S

OF THE LIEBIG EXTRACT OF MEAT COMPANY,
ERICA.

하고 긍정적인 태도를 심어주려는 목적에서 모든 식량에 첨가되었다. 이러한 맛의 메커니즘이 명확히 밝혀지자 회사들은 보브릴이나 원카니스, 또는 이와 유사한 제품에 들어가는 쇠고기의 일부를 가수분해 효모로 대체했다.

요즘에도 이 제품이 유리병에 담겨 판매되는데 둥근 솥 모양을 유지하고 있다. 효모세포가 증가하면 글루탐산을 포함한 모든 아미노산이 방출되는데, 이는 우리가 단백질을 먹고 있다는 사실을 뇌에 알려주는 신경전달물질이다. 이런 신호들은 우리가 어떤 음식을 먹을 때 많은 이들이 '풍미 있다'라고 표현하는 맛을 느끼게 해준다. 쇠고기를 육수로 만드는 과정에서 많은 영양소가 파괴되긴 하지만 글루탐산은 살아남아서 육즙을 먹는 사람에게 진짜 쇠고기를 먹는다는 느낌을 전달한다. 이 맛은 효모에서 글루탐산을 추출해내는 방법을 통해 실제 쇠고기를 쓰는 것보다 훨씬 더 싸고 간편하게 얻을 수 있는 맛이기도 하다.

놀라운 발견으로 탄생한 마마이트는 제1차 세계대전에 참전한 군인들에게 비타민B를 제공

이 물질은 이상할 만큼 맛있고 만족스러운 향을 풍겨 리비히의 육즙이 엄청난 인기를 누리게 해주었다. 이를 맛본 소비자들은 실제 고기 맛과 차이를 잘 느끼지 못한다거나 오히려 그보다 더 맛있다고 느꼈다.

2004년 영국산 쇠고기의 수출이 금지된 이후 몇 년간 보브릴에는 아예 쇠고기가 사용되지

8 보브릴 광고(1886년).
9 리비히가 만드는 육즙의 하나인 렘코의 매우 잔인한 광고.《그래픽The Graphic》(1904년).

않았다. 금지령이 해제된 뒤 보브릴은 또다시 효모 추출물과 쇠고기 혼합물로 제조되었는데, 그 차이를 구별할 수 있는 사람은 거의 없었다.

마마이트가 출시되고 몇 년 뒤인 1907년 일본 도쿄대의 화학과 교수였던 이케다 기쿠나에 Ikeda Kikunae는 글루탐산나트륨을 인공적으로 농축하는 데 성공했다. 이 물질은 마치 훈연 가다랑어('가츠오부시'로 알려진)와 다시마로 국물을 만들어낼 때처럼 아주 좋은 맛을 냈다. 사람들이 이미 알고 있던 네 가지 맛(단맛, 짠맛, 쓴맛, 신맛)으로는 설명할 수 없는 맛이었다. 그는 이 다섯 번째 맛을 '감칠맛'이라는 뜻을 가진 '우마미umami'라고 칭했다.

림퍼드와 이케다는 가난한 시골 사람들이 큰 비용을 들이지 않고도 고기를 넣어 요리할 때처럼 음식을 맛있게 만들 수 있도록 도와서 이들의 삶의 질을 향상시키려 했다. 리비히와 마찬가지로 이런 시도는 과학이라는 꽃이 만개하고 있는 상황에 비춰볼 때 계몽적이면서도 선한 가치였다. 글루탐산모노나트륨 또는 MSG라는 물질은 쉽게 설명하자면 글루탐산이 염이나 다른 나트륨 분자를 만났을 때 생성된다. 글루탐산은 고기, 멸치, 토마토, 버섯, 파르메산 치즈, 블루 치즈 같은 식품에 화학적으로 그리고 미각적으로 중요한 만큼의 양이 자연스럽게 존재한다. 국물을 만들 용도로 끓이는 다시마 속에도 들어 있다.

그들은 자신들이 좋은 일을 하고 있다는 사실을 재빨리 깨닫고는 MSG를 '아지노모토 Aji-no-moto(맛의 정수The essence of taste)'라고 명명한 뒤 1909년에 상업화했다. 아지노모토는 일본 시장에 빠르게 침투했는데, 아지노모토 양념통은 농촌의 가난한 사람들만이 아니라 일본 전역의 모든 가정집 식탁 위에 놓였다. 1960년대 후반 들어 아지노모토가 건강에 미치는 영향에 대한 의구심이 서양에서 제기되면서 인공조미료의 인기가 약간 수그러들긴 했지만, 그럼에도 그 맛은 여전히 일본 음식을 지배

I WANT PROTECTION!

They take me from my home afar,
Where all my noble brothers are,
And put me in a little jar,
And call me **LEMCO**.

9

10

11

하고 있다.

서양에서는 글루탐산모노나트륨을 제품화해 브랜드명을 입히고 이를 진지하게 출시했던 적이 단 한 번도 없었다(미국에서 악센트Accent 같은 그저 그런 조미료가 생산된 적은 있지만). 대신 식품회사는 이를 첨가제라고 소개하며 식당, 특히 중국 식당에 판매했다.

리비히육즙회사의 설명에 따르면, 이 첨가제를 이용하면 영양가 낮은 중국 패스트푸드나 스낵, 통조림 수프나 스튜, 탕 요리 같은 간편 요리를 손쉽게 만들어낼 수 있었다. 휴대용 수프에 그 뿌리를 둔 MSG는 전투식량에도 많이 첨가되었다. 제2차 세계대전 이후 연합군이 일본을 점령했을 때(1945~1952년) 미국 지휘관들은 군인들이 미국 전투식량보다 일본 전투식량을 더 선호한다는 사실에 주목했다. 두 전투식량 맛의 차이가 MSG 때문이라는 사실이 밝혀지자, 이 조미료는 곧바로 미국 육군의 전투식량

재료로 추가되었다. 사실 MSG는 최근까지도 미국 육군 전투식량의 필수 첨가물이었다. 럼퍼드 경이 이 사실을 알았다면 매우 기뻐했을 것이다.

20세기 들어 순수 쇠고기 제품은 힘든 시기(판매 부진)를 겪었다. 경기 침체로 건강한 음식에 대한 수요가 감소한 반면, 닭고기가 인기를 끈 데다 고기 맛을 내는 MSG가 잔뜩 들어간 통조림이 출시되면서 쇠고기에 대한 매력이 떨어진 탓이다. 글루탐산과 소가 제로섬 게임에 참여하게 되었다는 사실이 점차 분명해졌다.

남아메리카를 경유한 수천 마리의 으깬 소

10 옥소Oxo 광고, 《태틀러The Tatler》(1928년).
11 옥소 광고, 《브리태니아&이브Britannia&Eve》(1929년).
12 옥소 광고, 《스피어The Sphere》(1912년).
13 보브릴 광고, 《팬Pan》(1919년).
14 마마이트 광고(1929년).
15 보브릴 광고(1890년).

Quite well Doctor, thanks to you and
OXO

BOVRIL

A "Little Bovril" keeps the Doctor away

고기에서 나온, 영국에서 탄생한 이 맛은 예전에 보브릴이 그랬던 것처럼 고기가 가진 특유의 특성들을 저버렸다. 1960년대에는 MSG가 포장 음식과 통조림 시장에 마법 같은 돌풍을 일으켰는데, 이런 현상은 미국에서 특히 심해 미국 쇠고기산업은 이에 대응해야 할 필요성을 느꼈던 듯하다. 1968년 무렵, 사람들에게서 두통, 발한, 심계항진, 안면마비, 메스꺼움, 무력감 같은 증상이 나타나기 시작했다. MSG의 부작용을 호소하는 사례들이 갑자기 쏟아지게 된 것에 쇠고기산업이 직접적으로 연관되어 있는지, 쇠고기산업이 이로부터 이익을 얻었는지에 대해서는 확실히 무엇이라고 말하기는 어렵다. 우리가 분명히 아는 것은 대중의 건강에 관한 보고서들이 나오게 된 것은 쇠고기산업 마케팅의 현대화와 로비 덕분이라는 것이다. 지역이나 국가 차원의 쇠고기협회 중에는 거의 100년의 역사를 지닌 단체도 있는데, 이들은 MSG의 위협에

맞서 싸우기 위해 힘을 합쳤다. 그들은 1973년에 당시 미국 대통령이던 리처드 닉슨Richard Nixon에게 '스태그플레이션' 아래에서 경제적으로 점점 힘겨워지는 생활을 감내해야 하는 국민들이 받아들일 수 있도록 쇠고기 가격을 동결시켜줄 것을 요청했다. 그러나 쇠고기 가격을 깎는 동시에 MSG를 허용한 것은 끔찍한 실수였다. MSG의 명성이 타격을 받긴 했지만 1980년대까지 많은 사람의 입맛을 지배했기 때문이다. 하지만 이런 현상은 오래 가지 않았다. MSG와 관련 있는 다양한 질병을 모두 포괄하는 용어인 '중국식당증후군Chinese Restaurant Syndrome'은 글루탐산모노나트륨의 종말을 초래했다. MSG의 가치는 떨어졌고 음식 재료 목록에서 조금씩 사라졌다. MSG는 그보다 앞서 나온 물질인 자가분해효모와 가수분해단백질로 대체되었는데, 이 물질들은 소금과 결합하면 MSG로 변하는 글루탐산을 포함하고 있는데도 식품성분

1890
BOVRIL
BOVRIL
30, FARRINGDON ST., E.C.
UNWIN BROTHERS, LITH: LONDON, E.C.
(COPYRIGHT)
P. T. O.

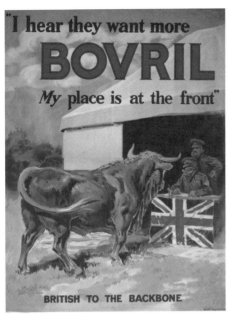

16

THE TWO INFALLIBLE POWERS.
THE POPE & BOVRIL.

17

표에서 사라지지 않았다.

　채식주의자들은 왜 MSG를 구원하기 위해 한 번도 나서지 않았을까? '거대한 소 모양을 한 적의 적은 나의 친구'라는 관점에서 보자면 적어도 그들은 같은 편이 되었어야 했다. 1970년대나 1980년대는 동양과 서양, 해초와 쇠고기, 다시마 국물과 보리죽이 결정적인 승리를 놓고서로 싸웠던 시기다. 그러나 채식주의자들은 화학과 관련 있는 것처럼 보이는 MSG나 식품라벨에 적힌 그 밖의 첨가물에 대해 언제나 미심쩍으면서도 미온적인 태도를 보였다. 훗날 MSG를 두부에 거리낌없이 뿌리거나 소금 대신(MSG를 소량 추가하는 경우 소금의 짠맛을 더 증가시키는 효과가 있음) 사용하게 된 사람들은 MSG와 관련 있다는 혐의를 받고 있는 부작용에 그다지 개의치 않았다. 그리하여 채식주의와 MSG 간의 타협은 사라지고, 결국 MSG와 함께 계속 감소하고 있는 조미료 동맹군이 쇠고기와의 싸움을 끊임없이 이어가는 새로운 천 년의 시대로 진입했다.

　최근에는 MSG를 어떤 '물질'로 보기보다는 '개념'으로 이해하려는 아이디어가 성공을 거두고 있다. 보브릴이 쇠고기에서 분리된 것이 분명한 것처럼 우마미 역시 화학물질에서 분리되었는데, 이제는 음식 맛의 정수를 느끼게 해준다며 자유롭게 사용되고 있다. 앞에서도 언급했지만 우마미를 좇아 럼퍼드의 수프를 먹는 사람은 빈민이 아니라 중산층(오히려 그 이상의 상류층)이다. MSG와 관련된 여러 논란에도 불구하고, 심리적으로 안정되어 있는 중산층에게 편리함과 포만감을 주는 제품을 판매하는 것은 무척 쉬운 일이 되었다.

16 제1차 세계대전 당시 보브릴 광고(1915년).
17 교황과 보브릴, 〈일러스트레이티드 스포팅 앤드 드라마틱 뉴스〉(1890년).
18 "보브릴이 남자를 만든다", 〈팬〉(1919년).
19 리비히 트레이딩 카드(1890년).
20 20세기 중반의 아지노모토 광고.

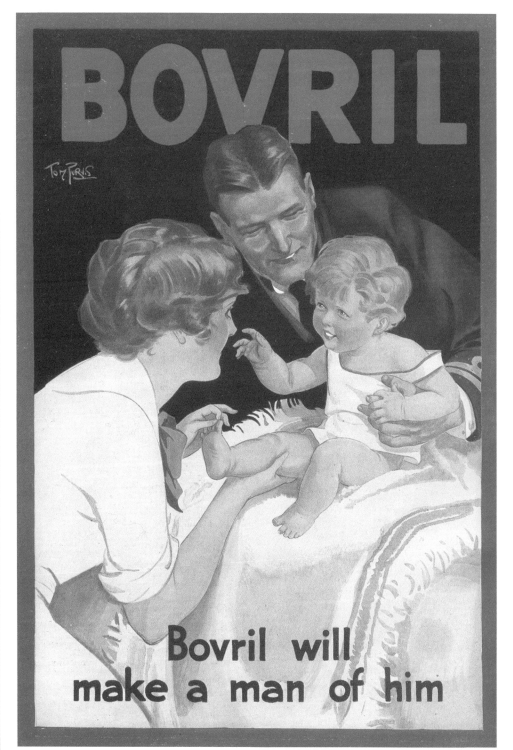

anina

ANGAMA

Hic sunt
antropo
phagi

2

CHAPTER 4
누구나 가끔은 누군가를 먹는다

EVERYBODY

E A T S

SOMEBODY,

SOMETIMES

누구나 가끔은 누군가를 먹는다. 이는 환경의 문제일 뿐이다. 비행기가 추락하거나 선박이 전복되거나 숲속에서 조난당하거나 전투에서 적을 물리치거나 좀비가 창궐한다면 말이다. 여러 세기 동안 유럽인들은 '용인할 만한' 식인 행위로 여겨지는 것이 무엇인지 알고자 애를 썼다. 어느 정도였냐면 세계적으로 가장 흔한 윤리수업의 토론 주제가 '보트에 여섯 사람이 탔는데 식량은 4인분뿐이라면'과 같은 설정이었다. 가톨릭교회 같은 권위 있는 기관조차도 실제로 누군가를 죽이거나 '맛있어 보이는 채식주의자가 가장 먼저 죽기'를 바라지 않는 한, 굶주림을 피하기 위한 식인은 용인된다고 공포했다. 산업화되지 않은 사회는 좀더 낙관적인 관점을 취하곤 했는데, 이를테면 '산 너머의' 사람들만 먹기로 한 것이다. '타인'들만 먹는다면 식인 행위처럼 보이지 않을 것이라는 추론이다. 호랑이가 사자를 먹는 것과 같은 맥락이다.

비유럽권 문화에서는 식인 행위 때문에 탄생한 '나무 위에 사는 무시무시한 야수' 이야기가 존재하듯 식인에 대한 금기가 훨씬 강하다.

항상 배고픔을 느끼면서 절대 만족하지 않는 윈디고(오지브와족을 비롯한 인디언들 사이에서 전승되어 내려오는 식인 거인으로, 길을 잃고 굶주리다 못해 인육을 먹은 사람이 변한 것이라고 한다 - 옮긴이)는 북아메리카 원주민인 알곤킨족의 신화에 등장한다.

그렇지만 일반적으로 많은 사람이 모여 사는 곳일수록 식인 행위는 용납되지 않는다. 적어도 이론적으로는 그렇다. 게다가 도시의 식인 행위는 시골 지역보다 위험하다. 먹을 사람이 더 많아 식단이 다양해지면 어쨌든 잠재적으로 더 맛있을 가능성은 있겠지만, 우리가 이웃을 저녁 식사거리로 여기게 된다면, 옆집에서 잔디깎이 기계를 빌릴 수 없을 정도로 사회적 계약관계는 완전히 파탄날 것이기 때문이다. 이런 금기들은 일부 사람이 식인에 집착하게 하는 나름의 문제점을 낳았다. 말하자면 '얼마나 과자가 맛있으면 부모님이 절대 못 먹게 하는 걸까'라고 여기는 어린아이들의 집착과 같은 것이다.

식인Cannibal이라는 단어가 '카리브해Caribbean'와 '바비큐Barbecue'라는 단어가 만들어

3

진 소앤틸리스제도의 원주민에게서 나온 것은 아마도 우연은 아닐 것이다. 식인에 대한 가장 유명한 초기 기록은 한스 스타덴Hans Staden이 쓴 브라질 투피남바 원주민에 대한 보고서다. 1557년 독일에서 간행된 이 기록은 "신세계 아메리카의 야생적이고, 벌거벗었으며, 냉혹하고, 사람을 잡아먹는 부족에 대한 실화와 묘사"라는 서술적인 제목이 붙었다. 스타덴의 책에는 투피남바족이 일정한 규칙을 정해놓고 사람을 먹는다고 나와 있다. 즉 대부분은 구워서 먹지만, 집안 행사에서는 가끔 끓여서 먹는다는 것이다. 이런 관습은 위대한 프랑스 인류학자인 클로드 레비스트로스Claude Lévi-Strauss의 이론의 주축

을 이룬다. 다시 말해 식인종들은 그들이 물리치고 싶은 상대는 굽고, 아끼는 상대는 끓인다. 적에게는 불, 가족에게는 물인 것이다. 투피남바족은 어린이와 여자를 위해 내장 스튜를 만들기도 했는데, 그 이름이 마치 메누도(menudo, 소나 돼지의 위장으로 만든 매운 맛의 멕시코 수프)나 필리핀의 선지 수프인 디누구안dinuguan과 비슷한 '밍가우mingau'로 들린다(놀라운 건 이는 현재 미국 쇠고기 육포 회사의 이름이다).

흥미로운 건 가장 위대한 도시 문명이 식인 행위로 가장 유명한 문명이었다는 점이다. 16세기 즈음 아즈텍제국은 실질적으로 사람을 먹어야만 하는 희귀한 상황에 맞닥뜨렸는데, 제국의

1~2 안다만제도의 식인종에 대한 묘사. 프톨레마이오스 Ptolemy,《지리Geography》(1522년).
3 식인 행위를 하는 개의 머리를 한 인간cynocephaly. 위의 책.
4~5 투피남바족이 사람을 요리하고 먹는 광경. 테오도르

드 브리Theodor de Bry, 〈아메리카America〉(1590년). 이 판화는 한스 스타덴의 "신세계 아메리카의 야생적이고, 벌거벗었으며, 냉혹하고, 사람을 잡아먹는 부족에 대한 실화와 묘사"를 바탕으로 한 것이다.

tem subigunt, Mingau vocatam, quam illæ adhibitis liberis abſorbent. La
comedunt, tum carnes circa caput derodunt. Cerebrum, lingua, & quicq

eſui eſt in capite, pueris cedit. Finitis hiſce ritibus, ſinguli domum repetun
ſumpta portione ſua. Auctor cædis aliud adhuc nomen ſibi imponit. Reg
tugurii brachiorum muſculos ſupernos ſcalpit dente cuiuſdam animantis
ciſori: vbi vulnus conſolidatum eſt, relinquitur veſtigium, quod honori ma
ducitur. Quo die cædes perpetrata eſt, auctor eius ſe quieti dare neceſſe ha
& in lecto ſuo retiformi decumbere totum eum diem: præbetur illi arcus
ita magnus, cum ſagitta, quibus tempus fallit, & ſcopum ex cera adornatun
tit. Quod fit, ne brachia ex terrore cædis obtuſa, ſeu exterrita fiant tremu
ſagittando. Hiſce omnibus ego ſpectator, & teſtis oculatus interfui.

　　Numeros non vltra quinarium norunt: ſi res numerandæ quinariun
cedant, indicat eas digitis pedum & manuum pro numero demoſtratis. Q

ſi

Americani defixis in terra ligneis quatuor furcis craſſitudine brachii, trium
[...]um interuallo, quadrata figura, æquali vero trium fere pedum altitudine,

culos in tranſuerſum duobus à ſe inuicem diſtantes digitis ſuperimponunt, *Boucan &*
que ligneam cratem comparant: hanc ſua lingua *Boucan* nominant. In ædi- *Barbaro-*
[...]s permultas huiuſmodi crates habent, quibus carnes in fruſta conciſas impo- *rum culi-*
[...]nt, & lento igne ſiccis è lignis excitato, vt ferè nullus exiſtat fumus, quamdiu *na.*
[...]t volûtas coqui hunc in modum patiuntur ſingulis dimidiæ horæ quadrâti- *Conſeruan-*
[...]s inuerſas. Et quoniam ſale cibos minime côdiunt, qùemadmodum hîc mos *dorum ci-*
[...]t, vno tantum coquendi remedio vtuntur ad eorum conſeruationem, itaque *borũ apud*
[...]iamſi 30. vno die feras quales hoc capite deſcribemus, eſſent venati, omnes *Americ.*
[...]ſtatim conciſas illis cratibus ingererent, quam citiſſime fieri poſſet, ne cor- *ratio.*
[...]mperentur: ibi ſæpius circumactæ aliquando plus quatuor & viginti horis
[...]rrentur, donec pars interior carnium æque cocta ſit atque exterior, eaque ra-
[...]ne omnes ſint à corruptione tutæ. Nec in piſcibus apparandis & côſeruan-

America

CON DI TA ORE

MANV

HISTORIA VERDADERA
DE LA CONQVISTA DE LA
NVEVA ESPAÑA.
Escrita
Por el Capitan Bernal Diaz, del
Castillo, Vno de sus Conquistadores.
Sacada a luz,
Por el P. M. Fr. Alonso Remon, Pre-
dicador y Coronista General del Orden de
N.S. de la Merced, Redencion de Cautiuos.
A la Catholica Magestad del
Mayor Monarca D. Filipe
IV. Rey de las Españas y
Nuevo Mundo N. S.

Con Priuilegio, En Madrid, en la Emprenta del Reyno.

D. Fernando Cortes.

P. Fr. Bartolome de Olmedo.

MEXICO.

J. de Courbes F.

73

규모가 커지면서 국민들을 모두 먹여 살릴 수 없을 지경에 이른 것이다. 아즈텍인들은 소, 돼지, 양, 염소 같은 초식동물을 전혀 기르지 않았다. 심지어 기니피그조차 사육하지 않았다. 따라서 테노치티틀란과 틀라텔롤코(현재 멕시코에 속한 지역)에 살던 주민 대부분은 전적으로 옥수수에 의지했고 늘 기아 상태였다. 불균형적인 식량체계 위에 위태롭게 서 있는 도시, 융통성 없는 수직적 조직체계를 지닌 사회, 늘 성이 나 있어 달래줘야만 하는 신들, 옥수수를 기반으로 하는 식단 때문에 주민들이 우연히 맛있는 음식이 되어버린 상황을 고려하면, 부자들이 가난한 사람들을 먹기 시작한 것은 어쩌면 불가피한 결과였을지도 모른다. 투피남바족과 마찬가지

---

6 베르날 디아스 델 카스티요의《신 에스파냐 정복의 진정한 역사》표지(1632년판).
7 식인 광경, 《마글리아베키 필사본Codex Magliabec-chi》(1529~1553년경). 1903년 복제.
8~9 식인 풍습과 인간의 희생, 《보르보니쿠스 필사본Co-dex Borbonicus》(1507~1522년경). 1899년 복제.

로 그들도 인육 요리를 위한 레시피를 개발했다.

아즈텍제국을 무너뜨리기 위해 에르난 코르테스Hernán Cortés와 함께 싸운 스페인 정복자인 베르날 디아스 델 카스티요의 회고록인《신 에스파냐 정복의 진정한 역사》에는 사람을 소금, 후추, 토마토와 함께 끓이는 방법에 관한 표준 레시피 같은 것이 기록되어 있다. 이는 인육을 재료로 하는 동시대 최고의 레시피인 동시에 고추를 첨가한 최초의 기록된 레시피이며, 100년이나 앞서 토마토를 사용한 레시피이기도 하다(토마토는 유럽에서 17세기 말까지도 대중화되지 않았다. 말이 나온 김에 덧붙이자면, 우연히 카스티요가 칠리 요리에는 원래 콩이 들어가지 않는다고 기록한 덕에 칠리 콘 카르네[간 소고기에 강낭콩, 칠리 가루를 넣고 끓인 매운 스튜─옮긴이]에 관한 오랜 논쟁이 끝났다). 멕시코시티 근처에서 발견된, 향료 때문에 빨갛고 노랗게 물든 아즈텍인의 뼈에 대한 최근 연구는 카스티요의 레시피가 실재했음을 입증해주었다. 연구진은 스튜의 흔적에서 호박씨, 칠리 그리고 아나토를 발견했는데, 이

는 초기 두더지 요리에 인육이 재료로 사용되었을 수도 있다는 것을 암시한다. 신 토마토는 조리된 인육의 단맛을 돋워주기 때문에 미각적 관점에서 보면 모두 말이 된다.

폴리네시아는 18~19세기에 식인 풍습으로 유명해졌다. '폴리네시아'라는 말은(번역이 의심스럽긴 하지만) 조리된 인육을 가리키는 유명한 단어인 '롱 피그long-pig'의 어원이다. '롱 피그'라는 단어의 용법은 인육에서 돼지고기 맛이 난다는, 확인할 수도 부인할 수도 없는 널리 퍼진 개념에 근거를 둔다.

프랑스의 수필가이자 철학자인 미셸 드 몽테뉴Michel de Montaigne, 1533~1592가 정확히 파악한 것처럼, 유럽의 식인 이야기는 대부분 유럽 국가들이 저지른 훨씬 더 끔찍한 행위를 정당화하려는 얄팍한 시도에서 비롯되었다. 원주민이 유럽인을 즐겁게 해주려고 들려준 식인 이야기는 흥을 돋우거나, 놀라게 하거나, 무섭게 하려는 의도였지만, 전달 과정에서 엄청나게 부풀려졌다. 많은 경우 양측은 서로를 무시하면서 좀더 과

장된 식인 이야기를 전했고, 그 결과 사실성이 의심스러운 명확하지 않은 보고서들이 쏟아졌다.

뉴질랜드의 마오리족과 피지족들은 분명 인육을 먹었고(폴 문Paul Moon의 《이 끔찍한 관습 This Horrid Practice》(2008)을 보라), 아마도 레비스트로스의 '물리치고 싶은 상대는 굽고, 아끼는 상대는 끓인다'는 이론을 따랐던 것처럼 보인다. 하지만 식인 풍습으로 유명했음에도 폴리네시아인은 레시피를 중요하게 여기지 않았는데, 그들이 침입자들에게 열심히 이야기하던 우스꽝스러운 이야기에서도 마찬가지였다. 사실 식인문화를 가졌던 민족 가운데 아즈텍인과 투피남바족은 피지족의 '허브를 곁들인 롱 피그'보다 훨씬 나은 요리법을 남긴 유일한 족속이었다. 아라와크족, 이로쿼이족, 피지족이 가진, 곧 유럽인이 주목했던 또다른 식인 풍습 가운데 대부분은 상대적으로 고립된 제의적 풍습과 관련되어 있었으며, 유럽 연구자들에게는 매우 불분명한 의미를 지닌 것이었다. 향료나 소스 한두 개가 없으면 사람 고기도 결국 단순한 맛이 났다.

16세기 후반부터는 이런 보고서가 유럽, 나중에는 북아메리카 마니아들에게 식인 풍습을 부추긴 것으로 보인다. 유럽인은 자신들이 파괴하고 복속시킨 문화를 두고 야만적이고 비문명적이라고 비판하면서 판에 박힌 듯이 그들에게 식인 풍습을 가진 족속이라는 누명을 씌우려 애썼다. 19세기 북아메리카에서는 알곤킨족에 '웬디고정신병Wendigo psychosis'이 있다고 진단했는데, 이는 다른 음식을 선택할 수 있는데도 인육을 먹고 싶은 강한 충동을 보이는 질병으로 추정된다. 그러나 이런 문명에 주홍글씨의 첫 글자를 새겨 넣으려다가 오히려 우스운 일이 발생하고 말았다. 현대 서양 세계 대부분이 식인 풍습에 빠져버린 것이다.

시상 문명에서는 가장 큰 금기사항이었음에도 식인 풍습에 대한 훌륭한 문학작품들은 놀랄 만큼 많다. 문학작품에서 언급한 식인 풍습은 흥미롭게도 대부분 사람을 먹는 행위에 초점을 맞춘 게 아니었다. 부유한 잉글랜드인이 아일랜드 어린이를 잡아먹는 조너선 스위프트Jonathan Swift의 《겸손한 제안Modest Proposal》(1729), 유럽인의 침략성을 상대적으로 비공격적인 식인 풍습이라고 비유한 몽테뉴의 진보적이고 저명한 감각적 저서 《식인종에 대하여Of Cannibals》(1580)는 사실상 요리가 아니라 모두 정치적 의미를 담은 책들이다. 고대 그리스의 스토아학파였던 크리시포스Chrysippus와 제노Zeno는 식인 풍습을 받아들일 수 있다고 생각했다. 물론 그들이 자신들의 철학을 버리고 식인을 했다는 뜻은 아니다. 귀스타브 플로베르Gustave Flaubert, 1821~1881, 허먼 멜빌Herman Melville, 1819~1891, 대니얼 디포Daniel Defoe, 1660~1731 모두 식인 풍습에 대해 이야기했지만, 구체적으로 다루지는 않았다. 멕시코의 위대한 벽화가 디에고 리베라Diego Rivera, 1886~1957는 몇 명의 친구와 함께 두 달 동안 식인을 했고 그 결과 '모두 건강이 좋아졌다'고 주장했는데, 그는 시체보관소에서 '식사 재료'를 공급받았으며 '병이나 노환으로 죽은 사람이 아닌 최근에 살해당한 사람'만 먹었다고 말했다. 리베라는 '비위가 상해서가 아니라 사회가 그 관습을 바라보는 적대감 때문에' 식인 행위를 그만두었다.

문학과 대중문화에서 가장 유명한 식인 행위자는 물론 토머스 해리스Thomas Harris의 소설 《레드 드래곤Red Dragon》(1981)에 등장하는 악명 높은 연쇄살인범 한니발 렉터 박사일 것이다. 그러나 렉터 이야기는 식인 행위를 경고하는 이야기에 더 가깝다. 그는 악몽의 화신이고, 애스코트 타이를 매며, 브람스를 듣는 사람이다. 좋은 교육을 받았고, 품위가 있으며, 탐미주의자인 동시에 새로운 방식으로(누벨퀴진nouvelle cuisine, 밀가루와 지방을 쓰지 않는 저칼로리 프랑스 요리법-옮긴이) 사람을 먹는 데 집착한다는 렉터 박사의 이야기는 정신학적으로는 흥미 있는 상상이지만 식인 행위로서는 난센스다. 한니발 렉터와 같은, 현실에서 가장 유명한 식인 행위자는 사실 제대로 된 식인주의자가 아니라 그냥 미친 사람이다. 20세기에는 영화에서 식인주의의 스뫼르고스보르드(smörgåsbord, 스웨덴어로 온갖 음식이 다양하게 나오는 뷔페식 식사-옮긴이)를 보여주었다. 〈내 맛있는 프랑스인How tasty was my little Frenchman〉(한스 스타덴의 악명 높은 브라질 보고서를 재해석한 작품, 1971), 두 건의 돌발적인 식인 행위를 다룬 고전 영화 〈라울 먹기Eating Raoul〉(1982), 〈요리사, 도둑, 그의 아내 그리고 그녀의 정부The Cook, the Thief, His Wife and Her Lover〉(1989) 같은 일련의 작품들은 식인 풍습에 대한 해결책 없는 서양의 혐오와 집착의 혼합물이었다.

식인 요리의 실제적 발전을 탐색할 수 있는 것이 하나 있다면 바로 영국 문학이다. 셰익스피어William Shakespeare, 1564~1616의 연극에서부터 빅토리아시대의 동화 《잭과 콩나무Jake and the Beanstalk》(1807), 찰스 디킨스Charles Dickens,

1812~1870의 여러 작품에 이르기까지, 영국 작가들은 음식에 인육을 감추는 데 사로잡혀 있었다.《타이터스 앤드로니커스Titus Andronicus》(1594)에서는 두 등장인물이 파이로 구워졌는데 이를 전혀 의심하지 않는 사람들에게 대접되었고, 책의 거인은 빵을 만들기 위해 사람들의 뼈를 갈았다. 인기 있는 통속소설《진주 목걸이String of Pearls》(1846~1847, 나중에《스위니 토드Sweeney Todd》라고 불렸는데, 아일랜드인을 식인 행위자로 그리려 한 전형적인 공포소설이다)에서는 사람을 죽이는 이발사가 희생자를 파이 상점에 파는 장면이 나온다. 그리고《스위니 토드》가 발표되기 몇 년 전 출판된《마틴 처즐위트Martin Chuzzlewit》(1843~1844)에서 디킨스는 페이스트리로 구워진 사람들을 언급한다. 사실 디킨스는 명백하면서도 미묘하게 작품에서 식인 풍습을 거듭 암시했다.《위대한 유산Great Expectations》(1861)에서 핍은 잡아먹힌다는 협박을 받았고,《피크위크 클럽의 기록The Pickwick Papers》(1836)에서 뚱뚱한 소년은 매리를 먹고 싶다고 말한다. 식인종과 인육을 먹는 오거ogre(서

양 판타지소설에 등장하는 사람을 잡아먹는 괴물─옮긴이)에 대한 언급은《두 도시 이야기A Tale of Two Cities》(1859)에서 계속되고,《데이비드 코퍼필드David Copperfield》(1859)에서 데이비드는 식인 행위의 관점에서 도라를 자주 언급한다. 그러나 이 모든 것은 메인 요리 전 식탁에 우아하게 놓인 전채요리일 뿐이다. 1868년 디킨스는 음식과 관련한 단편을 시리즈로 냈는데, "대공의 앙트르메An Entremet of Great Merit"는 그 마지막 이야기로 '샌드위치제도 최후의 왕실 요리사의 요리책'에 나온 몇몇 레시피를 설명한다. 레시피에는 '호텔 지배인 풍의 영국 선원English sailor à la maitre d'hôtel' '메테르니히 풍의 아기baby à la Metternich' '가리비 모양의 사환들Scalloped ship-boys' '자두 소스를 곁들인 선장 빵부스러기bread crumbed captain with plum sauce'가

10 1777년 9월 1일, 쿡 선장이 목격한 타히티 아타호우루의 대부대의 인간 제물.《쿡 선장의 3차 항해(1777~1779년) 기간에 존 웨버가 그린 그림Drawings executed by John Webber during the Third Voyage of Captain Cook, 1777~1779년》.

11

Beating the Death Drum for a Cannibal Feast

12

포함된다. 디킨스는 식인 행위란 그저 동물 고기를 갈구하는 하나의 사례일 뿐이라고 설명한다. 물론 야만적인 식인종은 모든 토착 생물을 먹을 때 다른 방법이 없다면 공공장소에서 먹겠지만, 영국 식인종은 입맛에 맞는 희생자를 숨어서 먹어야 한다. 영국은 신사의 나라니까.

이런 이야기들은 영국 사회에 지나치게 만연해 있다. 나는 디킨스가 인육을 먹고 싶어 하는 독특한 영국식 웬디고정신병을 앓고 있었다고 생각한다. 곧 엄마가 아이들 음식에 채소를 숨겨놓는 것처럼 먹을 수 없는 음식을 먹는다는 인식으로부터 스스로를 보호한 것이다. 이는 나

름 이치에 맞는 일이다. 여러 세기 동안 우리는 인육을 먹는 일에 흥미를 느끼면서도 반감을 가졌고, 그 어두운 욕망을 다른 집단에 뒤집어씌움으로써 그들을 매도하는 동시에 그 행위를 간접적으로 경험했다. 이것이 논리적인 유일한 해결 방법이었다. 어쩌면 디킨스나 19세기 영국인들 중 누군가는 사회적으로 그들에게 허용되지 않는 충동을 만족시키기 위해 (인육을 숨긴 형태의) 인육 파이나 뼛가루로 만든 빵을 먹었을지도 모른다. 그랬을 리 없다고 생각하지만, 혹시나 해서 얼마나 많은 고아가 찰스 디킨스의 동네에서 실종되었는지는 살펴보고 싶다.

11 요하네스 니호프Johannes Nieuhof가 '브라질과 동인도로의 항해와 여행'에서 그린 '브라질인', 처칠, 《항해와 여행 모음집 제2권》(1732년).
12 '식인 축제를 위한 죽음의 북 치기'. 식인 행위에 대한 욕망을 충족시키기 위해 런던에서 발행된 이국적인 엽서(1913년경).
13 조지 딥딘 피트George Dibdin Pitt, 〈스위니 토드,

플릿 스트리드의 이발사; 또는 진주 목걸이Sweeney Todd, the Barber of Fleet Street; or the String of pearls〉.
14 《애통하고 비극적인 타이터스 앤드로니커스의 역사The Lamentable and Tragical History of Titus Andronicus》(1660년경).

DICKS' STANDARD PLAYS.

SWEENEY TODD,

BY GEORGE DIBDIN PITT.

ORIGINAL COMPLETE EDITION.—PRICE ONE PENNY.

*** THIS PLAY CAN BE PERFORMED WITHOUT RISK OF INFRINGING ANY RIGHTS.

LONDON: JOHN DICKS, 313, STRAND.

THE

DINNER

PARTY

REVOLUTION

중세 유럽에서 상류층의 식사는 전통적으로 '혼란스러운 음식service en confusion'이라고 알려진 방식으로 모든 요리가 한꺼번에 제공되었다. 초대된 사람들은 주인과 안주인에게 경의를 표했고, 그들보다 신분이 낮은 사람들에게는 차례차례 경의의 표시를 받아야 했다. 모두들 각자의 사회적 지위에 걸맞게 행동했으므로, 사람이 많이 모이는 자리나 축제에서 목이 잘리는 무서운 일이 일어날지도 모른다는 걱정 따위는 하지 않아도 되는 분위기였다. 나이프와 두 손만이 유일한 도구였고, 음식은 페이스트리 껍질이나 나무 쟁반trencher이라고도 불리는 딱딱하고 두꺼운 빵 조각에 얹어서 먹었다. 보통 저녁 식사는 몇 사람만 참석했지만(식량이 부족했던 겨울에는 귀족 혼자였을 수도 있다), 봄과 여름에는 무작위 요리가 포함된 서너 개의 호화로운 코스가 연속적으로 제공되는 공을 들인 연회가 열리기도 했다. 음식은 도난당하거나 재활용되거나 버려지기 때문에 이런 모임의 정확한 규모를 짐작해내기란 어렵다. 그러나 요리사, 하인, 전문가(이를테면 축복기도를 위한 성직자 또는 왕실 연회에

서 멋진 도구를 이용해 독을 판별하는 사람 같은)를 모두 필요로 하는, 꽤 소란스러운 일이었을 것이다. 그 당시 부엌은 큰불이 날 경우 거의 통제할 수 없는 지경이었으므로 대개는 식사 공간에서 약간 떨어진 별도의 건물에 설치되었다. 따라서 느린 경호 행렬에 맞춰 테이블까지 음식이 이동하는 동안 다소 미지근하게 식었을 게 틀림없다.

16세기 초반 즈음 개인 접시와 포크를 사용하게 된 이후로(요리나 서빙을 할 때 사용했던 기존 도구는 아니지만) 식사는 더 화려해졌지만 분위기는 크게 달라지지 않았다. 그리고 나서 프랑스의 왕 루이 14세는 봉건시대 서녁 만찬이라는 퇴폐적인 르네상스시대를 열었다. 1648년부터 1653년까지 프랑스 신흥 중산층이 '프롱드의 난'이라는 급진적인 난을 일으키자, 루이 14세는 귀족을 감시하고 은혜를 베풀어 출세할 기회를 주기 위해 베르사유궁전으로 이들을 이주시켰다. 어떤 사람은 상류 귀족층 1만 명 정도가 궁전에서 살았다고 추정한다. 그들은 왕의 저녁 만찬에 참석해야 했고, 왕과 그의 가족이 이들 앞에서 20~30가지 요리로 구성된 만찬을 즐기

3

1 오노레 도미에Honoré Daumier, 〈팔레 루아얄 궁전 정
원의 카미유 데물랭Camille Desmoulins in the Palais
Royal Gardens〉(1848~1849년).
2 식사 중인 두 사람, 〈덕과 정의의 꽃Flore de virtu e de
costumi〉(1425~1450년경).
3 공작새 파이, 크리스토프 바이겔Christoph Weigel, 《공

동 부엌의 그림Abbildung der gemein-nützlichen
Haupt-Stände》(1693년).
4 리처드 2세와 만찬 중인 글로스터 및 아일랜드 요크 공
작, 장 드 와브랭Jean de Wavrin, 《영국의 과거와 새로운
연대기Anciennes et nouvelles chroniques d'Angle-
terre》(15세기 후반).

le for Richard den England fift a lond

5

음식과 전쟁 110

는 모습을 지켜봐야 했다. 이는 대개 왕족의 저녁 식사로 여겨졌다. 약 500명의 사람이 정성스러운 연회를 위해 부엌에 동원되었는데, 연회는 밤 10시에서 10시 45분까지 정확히 45분 동안 진행되었다. 식사를 하는 동안 귀족들은 대화하거나 정부情婦가 될 만한 여자에게 눈길을 준다든지 누군가를 흘깃 쳐다보는 것조차 금지당했다. 앙트르메entremets(서양 요리에서 디저트의 일종으로 푸딩, 팬케이크, 아이스크림 따위와 같이 단맛이 난다―옮긴이)가 나오기 전 왕이 송아지 췌장 요리를 먹고, 자고새 수프 위에 얹은 햄, 해산물 수프, 굴을 곁들인 오리, 가리비, 송로버섯이 들어간 밤 수프, 생트 메누à la Sainte-Menhout라는 구운 비둘기, 껍질이 단단한 파이인 파테 앙 크루트pâté en croûte(고기, 생선, 채소, 과일 등을 갈아 파이에 채운 뒤 오븐에 구운 것으로, 레스토랑마다 레시피가 다른 대중적인 전채요리―옮긴이) 그리고 그 외 일곱 가지 다른 요리를 맛보며 배를 채울 동안 말이다. 루이 14세는 영리하게도 '태양

왕Le Roi du Soleil'에게 어울릴 법하다고 생각하는 의식, 격식, 헌신이라는 중세시대의 전통은 유지하되 다른 사람들과 함께 식사를 하면서 그들의 말을 들어야 하는 귀찮은 일을 없앨 방법을 찾아냈다. 또한 그는 당시 다른 유럽 국가들과 차별화된 프랑스의 최신 요리들(최초의 위대한 프랑스 요리책《프랑스 요리》는 루이 14세의 대관식보다 10년 먼저 출간되었다)을 즐길 수 있었다. 루이 14세는 단순히 권력과 그 무게를 부각시키려 했던 것이지만, 내가 참석했던 현대의 몇몇 저녁 만찬은 45분이라는 식사 시간 규정은 언급할 필요도 없이 그가 정한 침묵의 규칙으로부터 혜택을 입은 듯했다.

교활한 대식가였던 루이 14세는 저녁 만찬의 유행이 불만을 가진 많은 사람이 모여서 그를 어떻게 죽일지 논의하는 일을 막아줄 것이라고 굳게 믿었다. 어쩌면 그랬을지도 모른다. 수십 년 이상 지속된 소규모 저녁 만찬은 프랑스 사회 전역으로 퍼져 나갔고, 사람들에게는 일상적

인 일이 되었다. 대중에게 큰 영향을 미친 프랑수아 마시알로François Massialot, 1660~1733의 요리책《왕족과 부르주아의 요리Le Cuisinier Roïal et Bourgeois》는 만찬 식탁 차림의 표본이 되었다. 그 전에 나온 대부분의 요리책들과 달리 (그리고 그 제목에서도 확연히 드러나듯) 마시알로의 책은 상류층 독자만이 아니라 장인, 상인, 잠재적 혁명가로서 당시 급성장하던 중산층 계급을 대상으로 했다.

루이 14세의 통치 기간은 너무 길어서(1643년 왕위에 올라 섭정을 받았던 당시 그의 나이는 겨우 다섯 살이었다), 1715년 그를 계승해 편의상 루이 15세1710~1774라 불린 이는 그의 증손자였다. 루이 15세는 증조할아버지와 같은 과시욕이 없었던 검소한 군주였다(많은 사람은 멍청했다고 주장한다). 루이 15세는 더욱 소규모로 저녁 만찬을 이어갔는데 직원 수와 식사 때 제공되는 요리의 가짓수를 줄였다. 그러나 그는 부유층이 좋아하는 비싸고 복잡한 요리를 즐겼으며, 진지하면서

도 풍자적인 요리책《가스코뉴 요리Le Cuisinier Gascon》가 출간될 수 있도록 뒷받침해주었다.

동브의 왕자이자 루이 14세의 증손자였던 루이 오귀스트 드 부르봉Louis Auguste de Bourbon, 1700~1755과 그의 공공연한 정부는 우스운 이름을 가진 요리(녹색 소스를 뿌린 개구리, 녹색 원숭이 소스, 악의 없는 계란), 상식을 벗어났지만 먹을 수 있는 요리(당나귀 배설물 모양을 흉내 낸 송아지, 박쥐 모양을 흉내 낸 닭고기), 오늘날에는 놀림감이 될 법한 레시피(단지 닭고기 위에 육즙을 뿌리기 위해서 구운 오리) 들을 기록해놓았다. 이 요리책이 얼마나 진지한 것인지 이야기하기

5 W. H. 파인W. H. Pyne,《고대의 부엌, 윈저 성Ancient Kitchen, Windsor Castle》(1818년).
6 프랑수아 마시알로가 묘사한 상차림,《궁전과 국가 요리 The Court and Country Cook》(1702년).
7 이스라엘 실베스트르Israel Silvestre,《왕과 왕비의 만찬 Banquet of the King and Queens》(1664년). 베르사유궁전으로의 이주를 축하하기 위해 루이 14세는 계절에 기반한 연회를 특색으로 하는 6일짜리 축제를 열었다.

Premiere *Festin du R...*
plusieurs Princ...
les mets et pres...
quatre saisons.

Israel Siluestre, deline, et sculpsit parisijs.

Reynes auec
nes ſerui de tous   Journée.
les Dieux et les

et excud. cum priuilegio Regis.

는 어렵지만, 18세기 중반 프랑스 요리의 자유분방한 면을 보여주는 동시에 조롱하는 것만은 분명하다.

부자를 대상으로 하는 요리책마저 곧 닥칠 혁명의 징후에 완전히 물들어 있었을 정도로 파리 사회 전역에서는 부패가 서서히 진행되었다. 1757년 전직 하인이었던 로베르 프랑수아 다미엥Robert-François Damiens은 (어쩌면 닭고기 위에 오리 육즙을 뿌린 요리를 귀족에게 나르는 데 진절머리가 났을지도 모르는) 주머니칼로 옆구리를 찌를 수 있을 만큼 가까운 거리까지 다가가 루이 15세의 암살을 시도했다. 그러나 그는 암살에 실패했고, 피부를 벗긴 뒤 거열형에 처하는 강력하고도 졸렬한 방법으로 처형되었다. 이와 같은 끔찍한 과잉 대응(미셸 푸코Michel Foucault의 《감시와 처벌Discipline and Punish》 서문에 그 끔찍한 세부 사항이 묘사되어 있다)은 왕족의 방탕한 삶(그리고 저녁 만찬)이 르네상스시대의 매력이 더욱 진보한 게 아니라, 중세시대의 불평등이 예술과 기술로 치장된 데 지나지 않는다는 사실

을 분명하게 보여주었다. 1610년 이후로는 그 누구도 이런 식으로 처형당하지 않았으며 앞으로도 이런 형벌은 생겨나지 않을 것이다.

프랑스 요리가 사회적 불평등을 심화시키긴 했지만 소수 인원만 참석하는 식사를 선호하는 엘리트층 덕에 레스토랑이 생겨나면서 사람들은 친밀한 식사 시간을 즐기게 되었다. 최초의 레스토랑은 1760년대에 문을 열었다. 1782년에는 레스토랑이 대중화되어서 앙투안 보빌리에Antoine Beauvilliers는 파리 리슐리외 지역의 팔레 루아얄 거리 근처에 타베른 앙글레즈Taverne Anglaise라는 레스토랑을 열어 큰 성공을 거두었다.

프랑스 왕들은 소규모 모임이 혁명 모의에 얼마나 유리한지 생각하지 못했다. 다시 말해 사람들이 서로 이야기할 수 있는 자리라면 말이다. 조용한 식사 자리는 결코 눈에 띄지 않는다. 결국 루이 16세1754~1793가 1774년에 즉위했을 즈음 저녁 만찬 자리에서는 혁명이 모의되었다.

모택동은 1927년에 쓴 《호남의 농민운동에

관한 조사 보고서湖南農民運動考察報告》에서 "혁명은 저녁 만찬을 하거나, 에세이를 쓰거나, 그림을 그리거나, 자수를 놓는 일이 아니다"라고 했지만 18세기 프랑스에 비춰봤을 때 이는 아주 잘못된 말이다. 기자이자 소책자 발행인이었던 카미유 데물랭Camille Desmoulins, 1760~1794은 다혈질로 악명이 높아서 친구들은 종종 재미 삼아 그의 짜증을 돋우곤 했는데, 1784년 저녁 만찬에서는 너무도 격분한 나머지 식탁 위로 뛰어올라 접시와 수저를 바닥에 내던지고 깨뜨리며 자유liberté, 평등fraternité, 박애egalité 그리고 혁명적 공화제의 가치에 대해 큰 소리로 장광설을 늘어놓았다. 불과 5년이 지난 1789년 7월 11일, 데물랭은 과거 팔레 루아얄 거리의 카페 테이블에서 늘어놓았던 이야기와 매우 비슷한 연설을 했는데, 이후 그의 급진적 원칙으로 체계화된 일련의 폭동이 일어났으며, 3일 뒤에는 바스티유감옥이 급습당하면서 프랑스혁명은 절정을 이루었다.

이때까지 유행했던 저녁 만찬은 불안한 정권이 견고해 보이기를 바랐던 루이 16세 때문에 사실상 다시 커다란 규모의 행사로 되돌아갔는데, 혁명의 규모 또한 마찬가지였다. 루이 14세가 예측하고 예고했던 것처럼 많은 사람이 왕의 죽음을 모의하기 위해 집결했다. 철학자들이 왕당파와 부패한 사람들을 철저히 가려내던 수많은 저녁 만찬에 정체성을 드러내지 않고 참석했던 사람들 중에는 카미유 데물랭, 정육점 주인이자 연설가였던 루이 르장드르Louis Legendre, 1752~1797, 변호사였던 막시밀리앵 로베스피에르Maximilien Robespierre, 1758~1794, 공안위원회의 초대 위원장이었던 조르주 당통Georges Jacques Danton, 1759~1794, 배우·시인이자 당통의 비서인 파브르 데글랑틴Fabre d'Eglantine, 1750~1794이 있었다.

문제는 저녁 만찬이 귀족의 방탕한 수단이었다는 것이다. 저녁 만찬이 혁명의 도구로 완전히 목적이 바뀌긴 했지만, 그 본질은 여전히 의심스러웠다. 다양한 인격체들이 술과 계급 전쟁이라는 배경을 통해 만나는 부자연스러운 사회적 상황에서 무엇이 잘못되었던 걸까? 혁명의 두 주역이었던 조르주 당통과 막시밀리앵 로베스피에르는 지속적으로 적대감을 키웠는데, 이는 순전히 불쾌한 저녁 만찬의 결과였다. 대개는 당통이 로베스피에르의 기분을 상하게 했다. 천박하게 굴거나, 데물랭에 대해 부정적으로 말하거나, 어느 날에는 젊은 여성에게 이탈리아 외설문학의 창시자인 피에트로 아레티노Pietro Aretino, 1492~1556의 음란한 책을 쥐어주기도 했다. 이는 엄격한 청교도였던 로베스피에르를 언제나 불쾌하게 만들었다. 프랑스 영화 〈당통Danton〉(1983)도 저녁 만찬에서 일어난 두 남자의 싸움을 그린다. 1794년에 화해를 위해 계획한 저녁 만찬이 실패로 돌아가자 로베스피에르는 그다음 해에 당통을 교수대로 보내버린다. 파리에서는 저녁 만찬 자리에서 폭력적으로 저지당하는 경우를 두고 오늘날까지도 '로베스피에르되기being Robespierred'라고 부른다(안타깝게도 이는 사실이 아니지만 그래야 한다).

로베스피에르는 루이 14세만큼이나 기만적인 저녁 만찬 파티의 주인이었다. 그는 음식을 먹으면서도 혁명적인 저녁 만찬에 참석한 이들이 무슨 이야기를 나누는지 온통 귀를 기울였는데, 당통은 로베스피에르의 습관을 깨닫고는 한탄했다. 이처럼 지속적인 감시는 당통의 비서관이었던 파브르 데글랑틴에게는 엄청난 손해로 이어지고 말았다. 데글랑틴이 극작가였던 몰리에르Molière, 1622~1673를 향해 공공연하게 애정을 드러낸 것을 알게 된 로베스피에르가 이를 상류층에 대한 위험한 동일화의 증거로 보고 그

---

8 로베르 프랑수아 다미앵의 공개 처형 장면을 묘사하는 작자 미상의 판화(1757년경).
9~10 30명의 손님을 위한 상차림, 빈첸초 코라도Vincenzo Corrado, 《궁중요리Il Cuoco galante》(1773년).

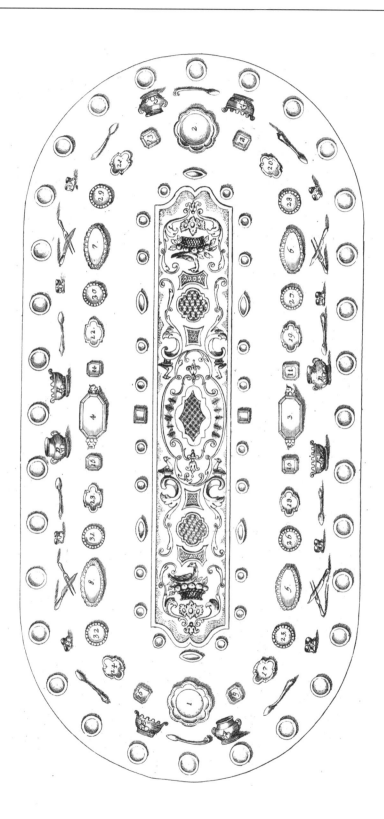

10

역시 교수대로 보내버린 것이다. 그러나 이런 감시는 다른 식으로도 작용했다. 예를 들어 당통이 처형당하지 않았다면 그의 뒤를 따를 수도 있었던 루이 르장드르는 저녁 만찬에서 당통의 사치스러운 취향과 생활방식을 끊임없이 불평함으로써 살아남았다.

또한 저녁 만찬에 참석하는 구성원 중에는 화려한 혁명 인맥이 있었다. 부업으로 왕과 혁명가 사이에서 중재 역할을 담당했던 불명예스러운 귀족 오노레 가브리엘 리케티Honoré Gabriel Riqueti, 곧 미라보 백작Comte de Mirabeau, 1749~1791과 루이 16세의 주교이자 고문이었던 샤를 모리스 드 탈레랑-페리고르Charles Maurice de Talleyrand-Périgord, 1754-1838다(훗날 나폴레옹, 루이 18세, 루이 필립의 고문이 됨). 1789년 바스티유감옥 습격사건 이후 루이 16세는 권력이 완전히 붕괴되는 것을 막기 위해 노력했다. 미라보 백작이 거친 매너와 이상한 취향으로 부인들과

하인들을 몸서리치게 만들었던 한 대규모 저녁 만찬 이후, 귀족들은 사적인 저녁 만찬 자리에서 미라보를 그들 편으로 만들려고 애썼다. 역사는 그들이 성공적이었음을 보여준다. 1790년, 미라보는 혁명을 위해 일하는 동시에 왕과 오스트리아를 위해서도 일했다. 실용적이고 냉정한 모략으로 역사상 가장 유명한 정치가가 된 탈레랑은 불길한 조짐을 알아챘지만 피할 수 없었다. 미라보가 사익을 챙기고 나라를 무너뜨리는 것과 왕정을 유지하는 것 사이에서 중립을 지키는 동안 탈레랑은 한술 더 뜰 요량이었다. 그들은 수많은 저녁 만찬 파티에 함께 어울렸으며, 서로를 저울질하면서 상대방의 말 속에 숨은 뜻을 가늠해내려 애썼다. 그 뒤 탈레랑은 자신만의 행보를 이어갔던 듯하다. 팔레 루아얄 거리에 있는 로베르의 레스토랑에서 다른 네 명의 사람들과 긴 만찬을 가진 탈레랑은 소화를 돕기 위해 커피와 차를 미라보에게 대접했는데, 그 직후 미

12

의 유래가 된 마르키 드 사드Marquis de Sade는 가톨릭교회와 거기에 동조하는 모든 것을 파괴하려 했고, 프랑스 사람들을 억누르던 교회의 관습을 공격했다. 1783년에는 알렉상드르 발타자르 로랑 그리모 드 라 레니에르Alexandre Balthazar Laurent Grimod de la Reynière라는 변호사가 '가짜 장례식 저녁 만찬'을 열었다. 17명의 손님을 집에 가두고, 300여 명의 구경꾼이 그 위 발코니에서 이들을 관찰하도록 초대받았다. 폭력적인 행동으로 일부러 불안하고 불쾌하게 만든 저녁 만찬이었는데, 인질로 잡힌 손님들은 아침까지 다양한 요리(전해진 바에 따르면 모두 돼지고기가 포함된)를 먹어야만 했다. 약 200년이 지난 뒤 위대한 영화감독 루이스 부뉴엘Luis Buñuel은 '저녁 만찬 파티에서 일어나는 폭력과 수모'라는 똑같은 주제를 많이 다루었는데, 그리모 드 라 레니에르를 자랑스럽게 만들 법한 성실함으로 이를 추구해나갔다.

터무니없는 잘못된 시작으로 점차 고통받는 공허한 부르주아의 저녁 만찬(《부르주아의 은밀한 매력The Discreet Charm of the Bourgeoisie》[1972]), 저택에 갇힌 채 공손함이 한 꺼풀씩 벗겨지는 참석자들(《절멸의 천사The Exterminating Angel》[1962]), 상류층들의 배설 파티로 뒤집어 생각하게 만드는 저녁 만찬 파티(《자유의 환상The Free of Phantom of Liberty》[1972]) 같은 주제는 설정은 바뀌었을지 몰라도 그 공포는 여전하다.

물론, 그리모 드 라 레니에르가 더 성공했다면 부뉴엘도, 저녁 만찬도 없었을 것이다. 스물다섯의 청년은 그 뒤의 파티들을 주재하기 위해 돼지에게 아버지의 옷을 입히는 것과 같은 도를 넘어서는 행위를 보여주었는데, 유머감각은 격세유전을 한다는 개념을 입증하기라도 하듯 그의 아버지는 그를 붙잡아 배에 태워 시골로 보냈고 혁명이 끝날 때까지 기다리게 했다. 그리모가 돌아왔을 때는 늙어버린 데다 애석하게도 현

라보는 죽음을 맞았다.

저녁 만찬이 여전히 일반 시민들에 대한 영향력을 강화하고 영속화하기 위한 힘으로 사용되는 관습임을 강조라도 하듯이 나폴레옹은 1795년 열린 저녁 만찬에서 조세핀 드 보아르네Joséphine de Beauharnais를 만났다. 당시 조세핀의 연인이었던 혁명군 지도자 폴 바라스Paul Barras는 반혁명 세력과의 전쟁을 위해 나폴레옹을 고용하려 했다. 저녁 만찬은 프랑스가 공화정과 왕정 사이에서 방향을 바꾸는 과정에서 공포정치가 탄생한 것과 그 후 수십 년간의 혼란에 책임이 있는 걸까?

이 모든 문제가 초래되기 전에 한 인물이 용감하게 저녁 만찬을 없애려 했다. 사디즘sadism

11 장 위베르Jean Huber, 《철학자들의 저녁 식사Un diner de philosophes》(1772~1773년).
12 '파리 상류층의 저녁 만찬', 장 밥티스트 우드리Jean Baptiste Oudry 풍의 에칭과 판각(1756년).
13 사보이호텔과 레스토랑 광고(1900년경).

SAVOY
VICTORIA EMBA
"The Hotel de
Magnificent Ri
Bedrooms, single, fr
Special Tariff during Winte
No Gas.   The buil
Savoy I
The Fir
Private Roon
The Opera Supper i
The Orchestra plays every e
THE VICT
Specially adapted for Balls, Bar
The ANGLO-AMERICAN BAR & CAFE
Exhibition of Cigars, crops 1888, in
Cigars
Chef de Cuisine : M. ESCOFFIE
General Man

Hildesheimer & Faulkner

OTEL,
NT, LONDON.
*he World."
arden View.
ouble, from 10/6.
d Electric Light everywhere.
olutely fireproof.

aurant,
ndon.
er Parties.
the Restaurant.
g Dinner and Supper.

ROOMS,
onic and Regimental Dinners.
ntrance by Beaufort House, Strand.
inets containing from 1,000 to 14,000
for presents.
nager: L. ECHENARD.
ITZ.

Designed in England. Printed in Germany

BRITISH
14 MY 1904
MUSEUM

DINING ROOM (OAK SALON, HOTEL MÉTROPOLE).

14

명해져서 레스토랑의 장래를 보고는 옹호자가 되고 말았다. 그 뒤 그는 파리에 있는 새로운 레스토랑들을 일일이 찾아다니며 〈레스토랑 리뷰〉를 창간했는데, 레스토랑들이 혁명 이전의 특권층과 상류층이 만들어낸 침체된 분위기와는 전혀 다른 모습이 될 것이라고 확신했다. 그런데 과연 그랬을까?

그 레스토랑들이 저녁 만찬 파티의 불쾌한 특징을 지니지 않은 것은 사실이지만, 꽤 많은 전통을 이어가고 있다는 것 또한 부인할 수 없다. 멋진 레스토랑이나 무미건조할 만큼 쾌적하게 만들어진 체인점에 들어갔을 때 여러분은 역겨움이라는 본능적인 떨림을 느끼지 않는가? 이는 헨더슨Henderson(2001년 미국 최고의 요리사 상을 받은 사람 – 옮긴이) 가의 저녁 식사에 초대받았을 때 느낄 법한 감정과 비슷하지 않을까? 또한

당신은 근사한 식당에 앉아 다른 사람이 식사하는 모습을 쳐다보곤 하지 않는가? 또는 반대로 다른 사람이 당신을 지켜보지는 않는가? 다들 대화를 나누고 있는데 당신에 대해 말하고 있다는 느낌이 들지는 않는가? 그럴지도 모른다. 어디선가 루이 16세가 한숨짓는 소리가 들리는 듯도 하다. 다음번에는 아마도 소풍 혁명이 일어날 수도 있겠다.

---

14 식당, 오크살롱Oak Salon, 메트로폴 호텔Hotel Métropole, 런던(1901년).
15 그리모 드 라 레니에르, 《미식가 연감》 표지(1812년). 미식가를 위한 장서가 실려 있다.
16 예술적으로 배열된 저녁 식탁, 시어도어 프랜시스 개릿Theodore Francis Garrett, 《실용적인 요리 백과사전The Encyclopaedia of Practical Cookery》(1892~1894년).

Bibliothèque d'un Gourmand
du XIX.ᵉ Siècle.

MENU

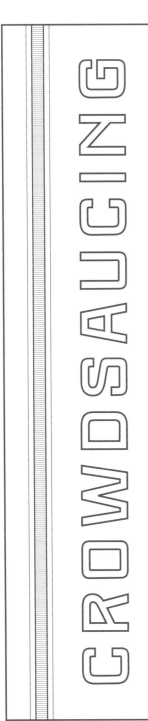

19세기 말, 화학자 존 리John Lea와 윌리엄 페린스William Perrins가 우스터셔소스Worcester-shire sauce(우스터소스라고도 함‐옮긴이)를 발명한 일은 항상 운 좋은 사건이라고 묘사된다. 현재 전해지는 이야기는 다음과 같다. 동양에서 막 돌아온 '샌디스 경Lord Sandys'이 그곳에서 가지고 온 레시피대로 소스를 만들었는데, 맛이 끔찍해서 지하실에 방치해두었다. 몇 년 뒤 리와 페리스가 지하실에 버려둔 통을 치우기 위해 갔을 때 풍미 짙은 익숙한 소스로 숙성되었다는 것을 발견했다. 상상할 수 있겠지만 그들은 몹시 기뻐했다.

이처럼 우연한 사고에서 비롯된 음식의 기원에 관한 이야기는 마요네즈, 멕시코의 전통요리인 몰레 포블라노, 리즈의 땅콩버터 컵Peanut Butter Cup(초콜릿의 일종‐옮긴이), 감자튀김, 두부를 포함해 수십 가지나 있다. 모두 믿기 어렵겠지만 사실이다. 어쨌든 나는 진실이 무엇인지 알아내고야 말겠지만 대개의 이야기는 불편하고 다루기 힘든 사실들을 감추거나 단순화하기 위해 꾸며낸 것들이다.

영국인들은 1837년 우스터셔소스가 등장하기 오래전부터 '우마미'라고 알려진 글루탐산의 강렬한 맛을 사랑했다. 18세기에는 영국인의 식탁에는 앤초비 진액이 빼놓을 수 없는 조미료였다. 조미료 전문가이자 한때 시인이었던 제6대 바이런인 조지 고든 노엘George Gordon Noel은 《베포, 베네치아인의 이야기Beppo: A Venetian Story》(1817)라는 서사시에서 사순절 기간 동안 이탈리아에 조미료가 부족하다는 사실을 안타까워했다.

그들은 스튜에 넣을 소스가 없어서
음식이 그야말로 형편없고
고상한 이들에게 어울리지 않을
일부 고백에 따르면
여행자들은 소년 시절부터 그래왔듯이
연어를 그저 콩과 함께 먹네.

그래서 나는 조심스럽게 권한다네.
그대들이 바다를 건너기 전에
'호기심을 일으키는 생선소스'라는 소스를
요리사, 아내 혹은 친구에게 부탁하여
많은 양을 사기를.
(혹시 여행을 시작하기 전이라면 그들은
어떻게든 다음과 같이 가장 상하지 않을 것들을
보낼 것이다)
케첩, 콩, 칠리 식초 등.
그렇지 않다면, 주여! 사순절 동안
음식이 맛이 없어 굶어 죽을 것이다.

Evan. 6577

Den/80

NOTICE TO VISITORS.

The only Stand
NO. 13,
IN THE CATTLE SHOW,
Where the Celebrated
NORFOLK KETCHUP,
WEST INDIAN
MANGOE CHUTNEY,
AND
CHUTNEY SAUCE,
Can be Obtained.

2187 Bottles Sold in Two Days at the Food
Exhibition.

Sample Bottles, 6d. each.

WORKS :
M. YOUARD, Spencer Street, E.C.

HUXTABLE & CO., Commercial Printers, 243, Liverpool Road, N.

4

1 《약간의 소스와 동요Nursery Rhymes with a dash of sauce》(1920년경). 미들랜드식초회사에서 발간한 소책자.
2~3 빅토리아시대의 앤초비페이스트 병뚜껑.
4 영국의 조미료 광고(1880년). 동인도회사와 거래하던 상

인들이 영국으로 가져온 처트니소스(과일, 설탕, 향신료와 식초로 만드는 걸쭉한 소스. 차게 식힌 고기나 치즈와 함께 먹는다 – 옮긴이)는 곧 인기 있는 조미료로 발전했다.

조지 고든 노엘이 언급한 '호기심을 일으키는 생선소스'는 버제스Burgess의 앤초비 진액에 대한 광고 문구에서 빌려온 것인데, 앤초비 진액은 18세기 후반과 19세기 초반 리딩소스Reading Sauce(루이스 캐럴Lewis Carroll의 시 〈시인은 태어나는 것이 아니라 만들어지는 것이다Poeta Fit, Non Nascitur〉[1869]와 쥘 베른Jules Verne의 《80일간의 세계일주Around the World in 80 Days》[1873]라는 모험 소설에서 언급된) 그리고 지금은 사라진 여러 생선소스와 시장에서 경쟁했던 아주 인기 많았던 조미료였다. 조지 고든 노엘은 (버섯)케첩과 함께 콩으로 만든 소스(영국이 중국과 일본에서 수입한 비교적 새로운 품목인 간장)를 언급한다. 현재 이 두 소스는 농축된 글루탐산과 강력한 우마미 맛 때문에 애용되고 있다. 간장의 수요는 급격히 증가해서 도처에서 가정식 레시피가 등장했다. 집에서 간장을 만들려면 콩을 삶고 으깨서 모양을 다진 뒤 이를 건조한 다음 몇 달 동안 발효시켜야 한다. 오래 걸리는 일이지만 연어와 간장을 모두 사기 위해 비싼 가격을 지불하지 않으려면 선택의 여지가 없다. 19세기의 첫 10년 동안 간장 레시피는 빠르게 보급되었는데, 콩이 최신 글루탐산 첨가제로서 단기간에 크게 유행했다는 사실을 보여준다.

그런데 간장과 우스터셔소스를 어떻게 연결시켰을까? 19세기 중반부터 간장이 우스터셔소스의 비법 성분 중 하나라고 인식되었는데, 2009년에 리&페린스Lea&Perrins 사가 고용한 회계사가 우연히 잡동사니 속에서 초창기 레시피를 발견한 덕분에 이 사실이 확인되었다. 영국의 우스터셔소스는 기본적으로 가장 인기 있는 소스 재료인 콩과 앤초비에 향신료와 다른 재료를 섞은 것인데, 처음 보는 것 같은 매우 이국적인 혼합물은 아니다. 예를 들어 일본에서는 간장과 다른 액체를 섞어 또다른 조미료를 만들어낸 긴 역사가 있다. 츠유소스(생선을 기본으로 하는, 면 요리에 주로 사용되는 소스), 폰즈쇼유소스(유자를 베이스로 한 폰즈소스와 섞은 것) 그리고 와리시타소스(스키야키에서 데친 소고기에 곁들이기 위해 소금, 설탕, 간장을 혼합한 것)는 모두 이와 같은 원리로 제조된 것이다. 영국에서는 앤 새클퍼드Ann Shackleford의 《현대 요리법Modern Art of Cookery》(1767)에 나온 레시피가 버섯케첩으로 만든 우스터셔소스의 원형을 본뜬 것인데, 호두피클, 마늘, 앤초비, 고추냉이, 붉은 고추를 일주일간 발효해 만든다. 따라서 우스터셔소스는 뱅골 주지사였던 샌디스 경(그의 이력을 추적하기란 불가능하다)의 지시에 따라 혼합되었을 수 있다. 이후 세계적인 조미료로 기적적으로 등장하기 전까지 지하에 몇 년간 방치되었지만, 이는 분명 결정적 조건은 아니었다. 필수조건은 바로 우스터셔소스가 냉혹한 소스 전쟁에서 살아남아 버제스, 리딩 그리고 초창기 케첩들을 능가하는 독특한 모습을 지니게 되었다는 점이다.

우스터셔소스는 맛만 복잡한 게 아니다. 그 자체로도 복잡하다. 완전한 두 조미료인 생선소스와 간장에 다른 재료를 첨가하면 비밀스러운 제3의 소스가 되는데, 이는 초창기 인도 카레와 비슷하다. 언뜻 음식의 풍미를 돋우는 보완적인 향신료로 보이는 이 세 번째 소스는 사실 샌디스 경과 관련된 전설적인 이야기의 근원일 수도 있다. 당밀, 양파, 소금, 타마린드(콩과에 속하는 식물-옮긴이), 고춧가루라는 재료는 초기 인도 카레를 충분히 대표할 수 있는 기초를 형성했을 테고, 여러 세기 동안 아시아에서 유행했을 것이다. 이렇게 유행하는 동안 전설적인 샌디스 경과 그의 아내는 분명 여러 식탁에서 이 소스들을 맛보지 않았을까.

동양에는 수천 년 동안 쌀로 만든 요리에

5 고든&딜워스 토마토케첩 트레이딩 카드(1881년).
6 소스의 다양한 사용법, 한나 글라세, 《쉽고 간단한 요리의 기술》(1747년).
7 소스, 피클, 병에 든 과일. 비턴 부인, 《살림에 관한 책》(1892년).

THE
Art of Cookery,
MADE
PLAIN and EASY;

Which far exceeds any Thing of the Kind ever yet publifhed.

CONTAINING,

By a LADY.

The SECOND EDITION.

LONDON:

Printed for the AUTHOR, and fold at Mrs. *Wharton*'s Toy-Shop, the *Bluecoat-Boy*, near the *Royal-Exchange*; at Mrs. *Afhburn*'s China-Shop, the Corner of *Fleet-Ditch*; at Mrs. *Condall*'s Toy-Shop, the *King's Head and Parrot*, in *Holborn*; at Mr. *Underwood*'s Toy-Shop, near St. *James's-Gate*; and at moft Market-Towns in *England*.

M.DCC.XLVII.

[*Price* 3 s. 6 d. *ftitch'd, and* 5 s. *bound*.]

STORE SAUCES, VARIOUS PICKLES AND BOTTLED FRUITS FOR TARTS AND COMPÔTES.

SOYER'S SAUCE.
Sold only in the above bottles, holding half-a-pint.
PRICE 2s. 6d.

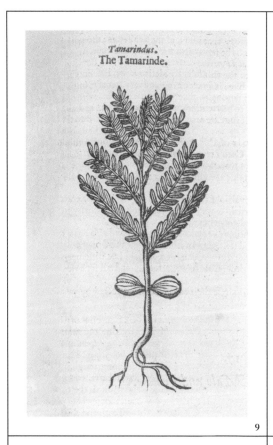

Tamarindus.
The Tamarinde.

9

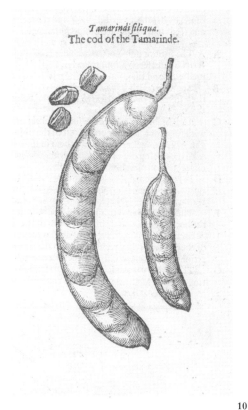

Tamarindi siliqua.
The cod of the Tamarinde.

10

풍미를 더하는 각양각색의 향신료가 존재했는데, 그중에서도 오래전 인도에 들어온 신맛 나는 열매가 열리는 아프리카산 타마린드가 핵심이었다. 사실 우스터셔소스의 기원에 관한 더 오래된 이야기(1888년경)가 있다. 곧 샌디스 여사가 동양에 있을 때 즐겨 먹던 '카레 가루'를(카레 가루가 영국의 발명품이라는 사실은 잠시 접어두고) 몹시 그리워하자 한 친구가 기꺼이 훌륭한 레시피를 제공했고, 여기에 액체 소스를 첨가하자 우스터셔소스가 되었다는 것이다. 어쨌든 이 일

화에는 우연적 요소가 있긴 하지만 일말의 진실도 포함되어 있을 것이다.

아시아의 세 소스, 곧 생선소스(로마제국에서 널리 발견되었지만 '중세암흑기' 때부터 자취를 감추었고 최근에 와서야 아시아의 수출 품목으로 등장했다), 간장(중국, 나중에는 일본에서 수입했다) 그리고 타마린드를 기본으로 한 카레소스는 리와 페린스가 주장했듯 한꺼번에 유럽으로 흘러들어간 것은 아닐지 몰라도 함께 아시아를 떠난 것만은 분명하다. 어쨌든 공격적 마케팅과 더불

11

8 소이어소스Soyer's Sauce(1849년).
9~10 타마린드. 존 제라드John Gerard, 《약초 또는 식물의 일반 역사The Herball or Generall historie of plantes》(1633년).
11 리&페린스 화학과 약제 회사Lea & Perrins Chemists and Druggists 광고. 두 사람은 1837년 브로드 가에 위치한 가게 뒤편에서 소스를 제조하기 시작했다.

12

13

어 오랜 항해에도 잘 변질되지 않는 우스터셔소스의 특성 때문에 19세기 항해시대를 맞아 모든 항구의 선박에서는 이 소스를 볼 수 있었다. 리와 페린스는 영리하게도 이 소스를 영국의 모든 해운사에 공급했고 승무원이 승객에게 제공하게끔 혜택을 줌으로써 어디에서나 이 소스를 맛볼 수 있게 만들었다. 바다를 항해하는 일은 너무 길고 지루했으며 음식 맛은 밋밋했기 때문에 우스터셔소스에 혀가 길들여진 사람들은 뭍에 도착한 뒤에도 소스 병을 들고 집으로 돌아갔을 것이다. 우스터셔소스는 바이럴마케팅(입소문으로 퍼지는 것-옮긴이)으로 널리 퍼진 세계 최초의 음식이었을 것이다. 영국인과 영국 배가 지나간 곳이라면 어디든 이 소스도 함께 전파되었다. 그런데 이 소스 때문에 세계의 음식 맛이 모두 똑같아진 건 아닐까? 다행히도 전 세계 사람들이 이 이상한 소스를 접한 뒤 많은 요리가 서로 다른 방향으로 흘러갔다. 지금은 인터넷의 발달로 의견을 쉽게 모을 수 있어서 쿠알라룸푸

르나 브리스틀이나 리마에 사는 사람들이 똑같이 저스틴 비버Justin Bieber를 싫어할 수도 있고, 똑같은 드레스(흰색과 금색이 들어간)를 놓고 취향을 공유할 수도 있지만, 19세기에 일어났던 모든 일들은 혁명적이었다.

우스터셔소스는 인기가 많았지만 때로는 이 소스의 묽은 성질 때문에 특정한 상황에서는 사용할 수 없는 경우도 생겼다. 세기가 바뀔 즈음 누군가가 제3의 타마린드소스를 걸쭉한 갈색 소스로 바꿔야겠다는 기발한 아이디어를 내놨다. 그는 생선과 간장 대신 토마토를 기본 재료로 삼았는데 우마미 맛은 여전히 남아 있었다(토마토는 유리 글루탐산free glutamates 함량이 가장 높은 채소 중 하나다). 이렇게 해서 HP소스가 탄생했다. 흥미로운 점은 이 소스가 우스터셔소스와 원료나 용도, 생김새, 점도가 많이 다른데도 오랫동안 사람들이 HP소스와 우스터셔소스를 성격이 조금 다른 가족의 한 구성원처럼 인식했다는 점이다. 정말 이 두 소스는 연관이 있는 걸까? HP

THE GRAPHIC, OCTOBER 8, 1904

481

The two Sauces of To-Day

"CHEF" SAUCE

LAZENBY'S SAUCE

CHEF SAUCE

is a rich fruity Sauce of recent introduction ; it will be found unequalled with all kinds of hot and cold Joints, Cutlets, Curries, &c

Prepared by
E. Lazenby & Son, Ltd.
18 Trinity Street, London,
S.E.

LAZENBY'S SAUCE

has for more than 100 years been considered the finest and most delicate Sauce for all kinds of Fish, Game, Steaks, &c.

14

소스와 우스터셔소스는 부모와 자녀, 혹은 쌍둥이 같은 관계일까?

HP소스가 우연한 계기로 사람들에게 알려졌다는 것은 그리 놀라운 일이 아니다. HP소스는 프레더릭 깁슨 가튼Frederick Gibson Garton이라는 사람이 1895년부터 판매했는데, 미들랜드 식초회사Midland Vinegar Company 소유주인 에드윈 샘슨 무어Edwin Samson Moore가 1903년 그로부터 이 레시피를 인수했다고 한다. 무어는 세계에서 가장 큰 식초회사를 운영하고 있었는데, 어느 날 가튼에게 빌려준 150파운드를 돌려받기 위해 그의 집을 찾아갔다. 그때 무어는 우연히 주방에서 흘러나온 소스의 냄새를 맡는다. 냄새에 매혹된 무어는 그 소스의 레시피를 제공받는 대가로 가튼의 빚을 탕감해주었다. 소스 이름은 이 소스가 '의회Houses of Parliament'에서 인기가 많다는 이야기를 들은 가튼이 그 앞 글자를 따 만들었다고 전해진다. 이 갈색 소스는 곧 전 세계로 퍼져 나갔다. 미국에서는 (안

YORKSHIRE RELISH

THE MOST DELICIOUS SAUCE IN THE WORLD.

The cold joint, the remains and fragments of yesterday's meat, fish, poultry, or vegetables, may be made into tasty and appetising dishes by the addition of this famous condiment. Its uses in cookery are unlimited, and it is indispensable to the busy housewife.

Sold everywhere in bottles, 6d., 1-, & 2- each.
DON'T TAKE SUBSTITUTES.
SOLE PROPRIETORS:
GOODALL, BACKHOUSE & CO.,
LEEDS.

15

12~13 리&페린스 소스 트레이딩 카드(1905년경).
14 1904년 10월 8일《그래픽》에 실린 '셰프' 소스와 라젠비 소스의 광고.
15 1904년 10월 8일《그래픽》에 실린 요크셔 조미료의 광고.

타깝게도) 업그레이드되지 않은 예전 HP소스인 A-1스테이크소스로, 아일랜드에서는 셰프소스Chef Sauce로, 코스타리카에서는 살사리사노Salsa Lizano로, 호주와 그 외의 지역에서는 바비큐소스의 일종으로 탈바꿈되어 팔리고 있다.

일본은 19세기 중반 메이지 천황 아래 제국주의 국가가 되었다. 일본이 겪었던 사회 변혁 가운데 중요한 하나는 서양의 문물과 사상을 받아들인 것이었다. 서양 사상의 일부는 일본인들의 먹거리까지 새롭게 규정했는데, 이에 따라 다양한 종류의 서양 음식과 음식에 대한 관념들이 일본으로 들어오는 것이 불가피했다. 들리는 바에 따르면 이 가운데 하나가 돈가츠tonkatsu라고 하는 튀긴 돼지고기 요리와 신맛이 덜한 HP소스(같은 이름의)였다.

메이지시대에 유럽(슈니첼schnitzel을 우적우적 먹는 오스트리아인들이 전해주었을지도 모른다)에서 일본으로 돈가츠가 전해졌을 법하다는 이야기는 기록에 가타카나가 아닌 간지로 쓰여 있어 어쩌면 과장된 이야기일 수도 있겠다. 빵가루를 입혀 튀긴 고기 요리가 이미 일본에 있었다는 걸로 봐서 일본인들은 유럽의 요리법과는 상관없이 돼지고기를 굽고 튀기는 조리법을 가지

고 있었던 것으로 보인다. 돈가츠소스의 인기는 실로 엄청나다. 돈가츠소스는 커틀릿만이 아니라 부침개나 수프, 국물, 면 요리, 쌀 요리에도 활용된다. 일본인들은 어떤 브랜드의 소스가 가장 좋은지, 그리고 집에서 직접 소스를 만들려면 어떻게 해야 하는지에 대한 이야기를 나누곤 한다. 가장 인기 있는 상표는 불독Bulldog인데, 이 이름은 영국이 원산지라는 느낌을 주는데다 외국 것에 대한 동경심을 자극하려는 의도로 지은 것이다.

그래서 이 타마린드를 기본으로 한 소스는 거의 100년간 우스터셔소스의 친척뻘로 숨어 지내다가 지구를 반 바퀴 돌아 아시아 소스로서 영국에 수입되었고, 다시 고스란히 지구를 반 바퀴 돌아 영국 소스로서 아시아에 유입되어 쌀로 만든 요리에 들어가게 되었다. 이것이 갈색 소스의 뜻밖의 여정에 대한 이야기(톨킨의 책 제목에 비유함-옮긴이)다.

16 리&페린스의 요리책《섬세한 조미료Subtle Seasoning》표지(1932년).
17~18 《살림 잘하기Good Housekeeping》에 실린 HP소스 광고(1934년).
19 《그래픽》에 실린 리&페린스의 광고(1904년).

ea

THE ORIGI

CACAO &

CONFLICT

초콜릿은 혼란이다. 중앙아메리카 최초의 거대 문명인 올맥문명(기원전 1200~400년경)은 카카오콩을 발효시키고 분쇄해서 걸쭉하고 지방이 풍부한 음료로 만드는 마법을 알고 있었다. 마야인들은 이를 더 발전시켜 카카오콩을 간 뒤 색과 향을 더하기 위해 바닐라, 칠리, 아나토를 첨가해 뜨겁거나 차갑게 만들어 마셨다. 카카오는 희생제에서 화폐로 쓰이기도 했고, 전사를 위한 강장제 음료로도 이용되었다. 카카오를 둘러싼 분쟁이나 무역, 저장, 판매, 마케팅, 열망 그리고 과잉 섭취와 관련한 일들이 자그마치 천 년 동안 이어졌다. 내 아이의 손에 내가 쥐어주는 평범한 과자가 정말 전설의 카카오인 걸까? 흔하디흔한 과자에서 어떻게 무자비한 왕들과 추기경들 그리고 메디치가의 권력자들이 좋아했던 디저트를 유추해낼 수 있을까?

흥분을 유발하는 성분이 무척 많이 들어 있는 카카오콩은 신대륙에서는 독특한 작물이었다. 필수 지방만이 아니라 카페인과 이보다 좀 더 순한 흥분제인 테오브로민을 함유하고 있는 카카오콩은 가치가 높고 운반이 쉬우며 잘 상하지 않는데다 수요가 많았기 때문에 마야제국

시대에는 선호되는 통화이기도 했다. 다른 대륙에서 가축을 거래하기 위해 금화나 은화를 주조하면서 골치를 썩는 동안(돼지 한 마리는 몇 마리의 닭과 같은가? 소 반 마리는 어떻게 살 수 있는가?), 마야인들은 재화와 서비스를 교환하기 위해 콩 자루를 이용했던 것이다. 여기서 여러분은 카카오콩이 어떤 잠재적 문제를 가지고 있는지 짐작할 수 있겠는가? 이것은 마치 코카인을 뿌린 감자튀김 형태의 돈을 나뭇가지에서 자유롭게 수확해 사용하는 것과 같다. 물론 맛은 훨씬 뛰어나지만 말이다. 카카오콩은 마야 지역에서 잘 자랐지만 저장이 쉽지 않았다. 그럼에도 주민 대부분은 카카오를 정기적으로 마실 수 있었다. 마야 사회가 평등했고 평화로웠다는 특성은 크게 과장된 것일 수 있지만, 당시 다른 문명과 비교해보면 마야인들이 놀랍도록 진보적이고 온화했던 것만은 확실해 보인다. 가뭄과 잘못된 경작 그리고 인구 과밀이 제국을 파국으로 몰고가기까지, 카카오는 역사가 기록된 이래 처음으로 마야제국의 사회적 혼란을 야기한 주요 원인이 되었다.

마야제국은 대부분의 다른 제국과 마찬가

지로 소규모 왕국과 도시 그리고 그 지배를 받는 집단으로 구성되었다. 마야인들은 서구 세계에서 가장 척박한 땅에 건물을 짓긴 했지만, 현저하게 발전된 과학적 성과와 조직, 극적인 상황에 대처하는 재주(예를 들어, 멕시코 유카탄반도에 있는 치첸이트사를 보라)로 성공을 거두었다. 한 폭의 그림처럼 아름답긴 하지만 과테말라에서 유카탄반도까지 펼쳐진 열대우림은 척박한 토양과 변덕스러운 강우량을 가진 땅으로 악명이 높다. 마야제국은 규모가 커지고 인구밀도가 높아지면서 옥수수에 대한 의존도와 농경지에 대한 수요가 급격히 증가했다. 마야인은 건설사업을 통해 광대한 열대우림을 농경지로 만들었지만, 이로 인해 기온이 상승하고 강수량이 줄어들었다. 당시 마야인들은 나무를 베어내고 사원을 짓기 위해 힘을 북돋는 자극제로 카카오를 과용했던 걸까? 아니면 굶주림으로 국경 지대에서 분쟁이 발생했을 때 카카오를 위해 싸웠던 걸까? 술과 마찬가지로 카카오는 사람들의 폭력성과 무질서 성향을 조장하고 증폭시킨다. 그래서 카카오의 효능은 종종 드러나지 않거나 간접적으로 나타난다. 카카오는 당시 마야인들을 아사 직전으로 내몰았고, 불안과 폭력을 유발해 대격변과도 같은 파괴에 이르게 했다. 한때 번영했던 제국은 너무나 빨리 무너져서 오늘날 사람들은 폐허가 된 마야 유적지를 거닐면서 카카오가 부채질한 혁명 때문에 중단된 채 버려진, 반쯤 완성된 건설 프로젝트들을 볼 수 있다. 마야인들은 파괴의 씨앗이 카카오라는 것을 알고 있었을까?

제국이 멸망한 뒤 사람들의 삶은 꽤 빨리 제자리를 찾았다. 모든 이들에게 적당하게 그리고 균등하게 배분된 카카오는 상쾌한 기분과 풍부한 영양 그리고 원기를 주는 음료였지만, 그들이 먹던 달지 않은 음료는 오늘날 사람들이 먹는 초콜릿우유나 코코아와는 전혀 다르다. 20세기에 도입된 공정으로 카카오는 코코아버터와 코코아가루로 분리되었는데, 코코아버터는 마

---

1 에르난 코르테스의 멕시코 상륙(1519년).
2 카카오 사발을 들고 무릎 꿇은 시종에게 이야기하는 지배자가 그려진 마야 물병.
3 네 명의 신이 그들의 귀를 베어 카카오 껍질에 피가 흐르게 하는 모습. 《마드리드 필사본Madrid Codex》(900~1500년경).

4

5

시는 음료에는 첨가되지 않고 단단한 과자를 만
들 때만 사용되었다. 마야인들은 카카오콩을 통
째로 음료로 사용했는데, 이것만으로도 연명할
수 있다는 것은 과장이 아니다. 마야인들은 계
속해서 카카오콩을 화폐로 이용했으며, 15세기
무렵 멕시코 중앙의 광대하고 황폐한 지역에서
아즈텍제국이 발현하자 그들과 무역에 나섰다.
마야인들이 아즈텍문명을 멸망시키려 했는지
여부는 기록에 남아 있지 않지만, 그들은 분명
카카오가 가진 힘을 느끼고 있었던 듯하다. 상
인과 카카오의 수호신이었던 마야의 신 에크 추
아Ek Chuaj는 전통적으로는 물건 자루를 든 노
인으로 묘사되는데, 당시에는 저승사자의 허리
와 전갈의 꼬리를 가진 사람으로 그려졌다.

아즈텍문명은 계속해서 늘어나는 인구가
옥수수로 근근이 살아가는 동안 값비싼 수입품
이 된 카카오를 귀족에게만 조금씩 나눠주었다.

하얀 피부에 수염을 기른 케찰코아틀(아즈텍족
의 신. 날개가 있는 뱀 모양을 하고 있음 – 옮긴이) 신
과 신비하게 닮은 에르난 코르테스가 1519년 도
착했을 때, 평범한 사람들(적어도 제물을 바치는
의식에서 카카오 음료를 먹어보지 못한 사람들)은
무더위 속에서 몸을 지탱하려고 발버둥쳤던 반
면, 부유한 아즈텍인들은 지방과 각성제를 섭취
하면서 수준 높은 삶을 누리고 있었다. 침략을
물리치기 위한 좋은 상황은 아니었던 것이다.

16세기에는 정복자들이 초콜릿을 스페인

4 카카오. 토머스 스탬퍼드 래플스Thomas Stamford Raf-
  fles 경의 수집품(1824년경).
5 툴룸 성. 콜럼버스시대 이전의 주요 마야 성채 도시, 프레
  더릭 캐서우드Frederick Catherwood,《중앙아메리카
  의 고대 유물 모습, 치아파스와 유카탄Views of Ancient
  Monuments in Central America, Chiapas and Yu-
  catan》(1844년).

으로 가져갔는데, 이는 스페인 귀족들에게 인기를 끌었고 점차 유럽 전 지역으로 퍼져나갔다. 17세기 전반에는 프랑스, 이탈리아, 영국, 네덜란드 사람들이 초콜릿 음료를 맛보았다. 그리고 이는 새로운 음료를 시음한 최초의 프랑스인이 자신이라고 홍보한 리슐리외 추기경이 가장 좋아하는 음료가 되었다. 신세계에서는 예수회가 파라과이에 건설하고 있던 진보적인 레둑시온(식민지 시대에 성직자가 원주민의 교화를 목적으로 건설했던 마을 – 옮긴이) 거주지에 카카오 농장을 만들었는데, 문화나 언어는 되도록 유지할 수 있게 해주었지만 원주민을 가톨릭으로 개종시키려 했다. 레둑시온은 무역을 위해(예수회의 의도를 감추기 위해) 카카오콩을 생산했다. 사실 리슐리외가 1642년 교황 우르바누스 8세와 소원해진 뒤 학자들이 여전히 병명을 알아내지 못하고 있는 병을 오래 앓은 끝에 죽자(내 생각에는 그의

초콜릿 컵을 확인했어야 했다), 또다른 초콜릿 신봉자였던 마자린 경은 전담 쇼콜라티에를 고용했다. 그러나 그 역시 나중에 독살당했다. 1767년 예수회는 그 권력이 지나치게 강력해지고 있다는 두려움이 퍼지는 가운데 파라과이에서 추방당했고, 교황 클레멘트 14세는 1773년 이들을 해체했다. 이듬해 클레멘트는 불가사의한 병으로 급사했다. 역사 기록이나 소설은 예수회가 응징하기 위해 독살했다고 비난하지만, 우리는 그저 교황이 초콜릿을 열렬히 사랑했다는 것

6 초콜릿 제조. 존 오길비John Ogilby, 《아메리카: 신세계에 관한 가장 최근의 가장 정확한 묘사America: being the latest and most accurate description of the New World》(1671년).

7~8 코판의 우상들, 프레더릭 캐서우드, 《중앙아메리카의 고대 유물 모습, 치아파스와 유카탄》(1844년).

9 《보르보니쿠스 필사본》에 있는 에크 추아(1507~1522년경). 1899년 복제.

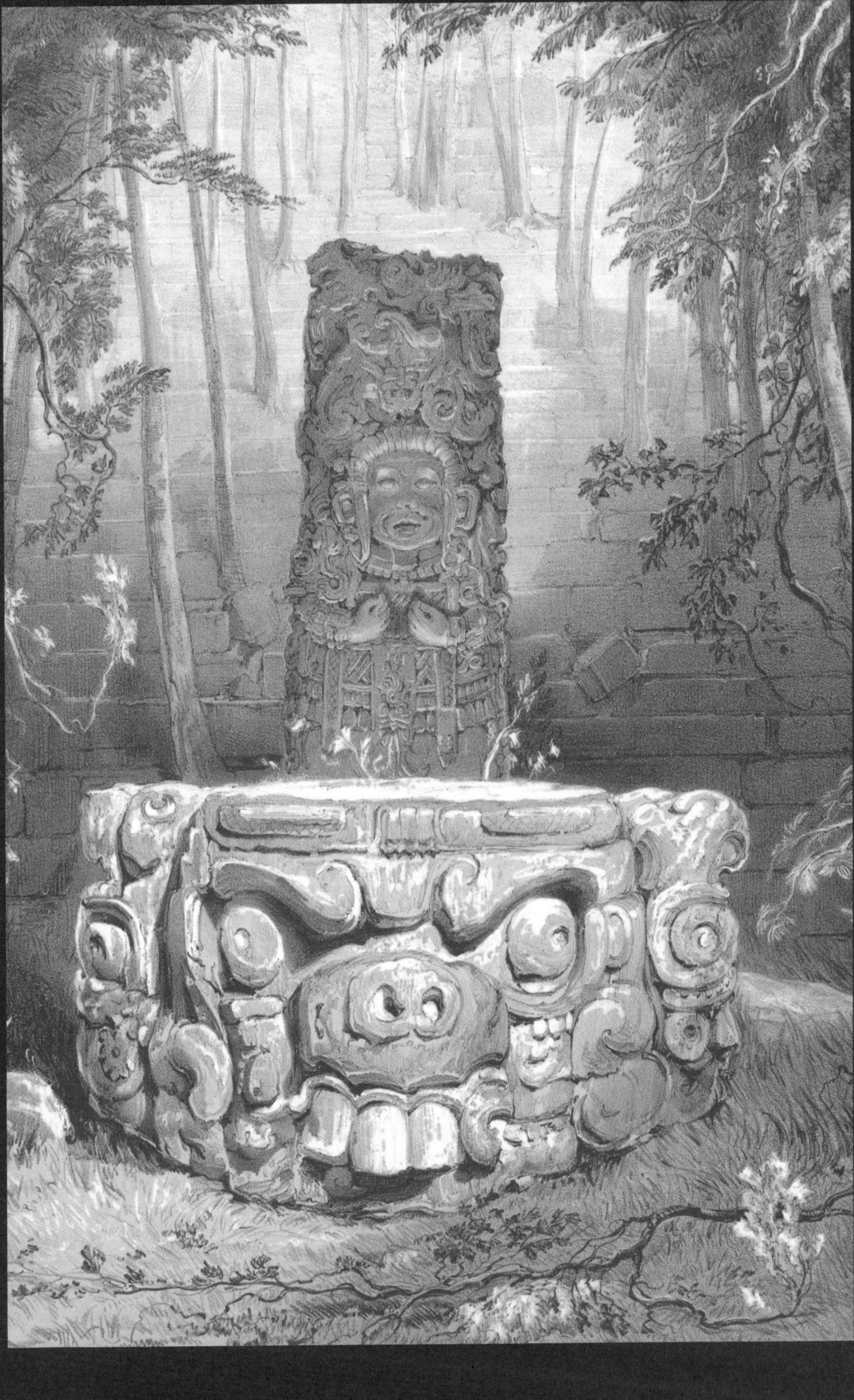

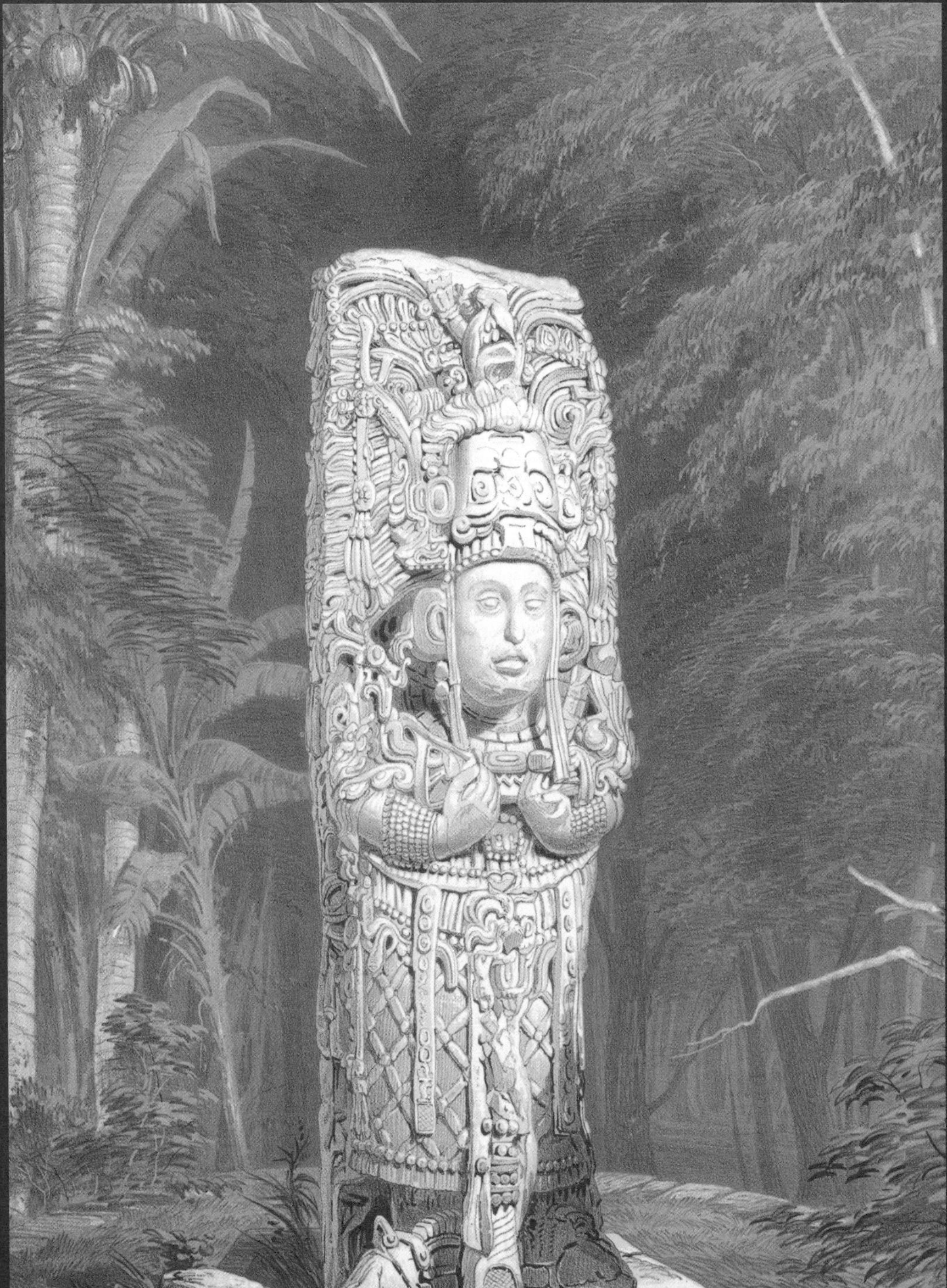

8

los G aqui·naua
Mcadecel

duodecimodia muerte

endecimodia culebra

decimodia lagartija

nouenodia casa

denno dia uerto

10

11

만 기억하면 된다.

1649년 영국에서는 찰스 1세를 막 처형한 (분명 초콜릿과 관련이 없는 국왕 살해) 호국경 올리버 크롬웰Oliver Cromwell이 초콜릿을 사랑하던 국민의 뜻에 부응해 스페인과 전쟁에 나섰다. 크롬웰은 편의상 프랑스와 동맹을 맺었고, 스페인 소유였던 카리브해 지역을 장악했다. 1655년 펜실베이니아(우연이지만 훗날 이곳에 허쉬초콜릿사 Hershey's Chocolate Company가 들어선다)를 개척한 윌리엄 펜William Penn은 스페인의 지배 아래 있던 카카오 농장 60곳을 빼앗기 위해 옹색하게 요새화되어 있던 자메이카에 상륙한다. 카카오는 당시 자메이카의 주요 작물이었는데 1660년 영국은 카카오 무역을 지키려고 애쓰던 스페인의 지배에서 교묘히 빠져나가 부상했고, 영국-스페인전쟁이 끝났을 무렵에는 카카오가 경제를 이끄는 주요 동력이 되었다.

영국인들은 초콜릿에 열광하는 데 거리낌이 없었다. 초콜릿을 파는 상점들이 해크니 지역(영국 런던의 자치구-옮긴이)에 최근 유행하는 술집처럼 우후죽순 생겨났다. 새뮤얼 피프스의 1661년 4월 24일자 일기의 도입부에는 아침 식사로 초콜릿을 마셨다는 내용이 나오는데, 당시 초콜릿은 속을 달래는 숙취 해소제로도 권장되었다. 대개 물과 후추, 정향, 아니스 같은 향신료를 섞어 뜨겁고 달콤하게 마셨던 초콜릿 음료는 곧 커피와 경쟁 관계에 놓였다. 초콜릿을 상류층만 누릴 수 있는 사치품으로 여긴 스페인이나 프랑스와 달리 영국에서는 누구나(적어도 차의 두 배 혹은 커피의 네 배 가격을 지불할 능력이 있다면) 상점이나 카페에서 초콜릿을 구입할 수 있었다. 초콜릿과 커피를 파는 상점에서는 싸움과 도박도 많이 일어났지만, 심각한 혼란이 야기될 정도는 아니었다. 영국은 카리브해에서 설탕과 카카오 공급망을 지배했기 때문에 세계에서 가장 큰 무역국이자 초콜릿 음료의 소비가 가장 많은 곳이 되었다.

한편, 영국의 이익은 곧 스페인의 손해였다.

12

영국이 계속해서 대량의 초콜릿을 소비하고 극단적으로 불균등하게 초콜릿을 분배한 것은 스페인제국의 황금시대가 몰락하는 하나의 원인이 되었다. 초콜릿에 혼이 빠진 귀족층은 계속해서 수표를 써댔는데, 일반인들은 그 값을 지불할 수 없었다. 네덜란드는 독립을 쟁취한 뒤 카리브해의 퀴라소를 경유하는 카카오 무역 루트를 재빠르게 확보했다. 이 루트가 안전해지자 네덜란드는 상류층을 위해 초콜릿을 쌓아두기보다는 카페 등에서 사람들이 쉽게 접할 수 있도록 하는 영국식을 따랐다. 이제 막 스페인의 지배에서 벗어났던 네덜란드는 초콜릿을 편파적으로 배분하는 것의 위험성을 직접 목격했던 것이다.

크롬웰은 아주 치명적인 말라리아에 감염되어 요로와 신장질환 합병증으로 1658년 사망했다. 얄궂게도 초콜릿은 비뇨기질환과 신장질환 치료제로 널리 권장되었는데, 청교도였던 크롬웰(결국 크리스마스 푸딩을 금지시켰다)은 먹지

않았던 것으로 보인다. 그런데 어쩌면 마음을 조금 누그러뜨리고 독이 든 초콜릿 '치료제'만은 먹었을 수도 있다. 1661년 사람들이 그의 무덤을 파헤치고 부관참시했을 때 이를 확인했더라면 좋았을지도 모르겠다. 어쨌든 크롬웰과 별개로 네덜란드와 영국은 초콜릿의 위험성을 일시적이나마 억제하고, 18세기가 끝날 때까지 초콜릿이 직접적으로 폭력과 연결되지 않도록 관리했다. 그러나 곧 세상은 순식간에 아수라장으로 변했다.

영국-스페인전쟁과 프랑스-스페인전쟁이 동시에 일어난 1648년 프랑스에서는 귀족을 타도하기 위한 혁명이 일어났다. '프롱드'라는 이

---

10 멕시코에서 유럽으로 초콜릿을 가져가는 포세이돈. 안토니오 콜메네로 데 레데스마Antonio Colmenero de Ledesma,《초콜릿 인다Chocolate Inda》(1644년).

11 커피와 초콜릿을 먹기 위해 북적이는 '커피하우스 군중'(17세기).

12 런던의 커피하우스, 작자 미상 그림(1690~1700년경).

14

름 아래(아침에 초콜릿 한 잔을 즐기려 했을 마자린 추기경을 지지한 사람들의 집 창문에 돌을 던질 때 쓰던 투석기 이름을 따서) 일어난 일련의 시민봉기는 그러나 체제를 무너뜨리는 데 실패했고, 궁극적으로 전제주의를 향한 군주의 통치만 강화시켰다. 다양한 혁명적 요소들이 각자의 목표를 향해 전진하는 통에 그들은 이미 굳건히 자리 잡은 정부를 정복시키기 위한 대중의 결집을 이끌어내지 못했다. 그저 한바탕 시끄러운 소란과 혼란만 야기했을 뿐이다. 초콜릿을 오용했다는 데 대한 즉각적 보복을 간신히 피한 귀족들은 계속 오만해졌고, 이후 프랑스의 귀족정치는 더욱 거세졌다. 부유층을 대상으로 한 17세기 후반의 대중적인 요리책은 초콜릿에 졸인 홍머리 오리 레시피를 특별히 포함했는데, 이는 마치 프랑스인들에게 "네가 천천히 굶어 죽어갈 동안 우리는 엄청난 양의 초콜릿을 마실 뿐만 아니라, 그리고도 양이 넘쳐나서 작고 귀여운 오리들을 거기에 넣고 끓일 거야"라고 말하는 꼴이었다. 이뿐 아니라 상류층에서는 성병을 예방한다는 이유로 초콜릿 열풍이 일어났는데, 초콜릿이 아내나 정부와 열정을 불태울 수 있도록 해주는 동시에 성병 감염을 막아준다고 인식된 탓이다. 확실한 것은 이런 열풍이 한계에 다다랐고 결국 혁명이 일어났다는 점이다. 놀랍게도 혁명이 먼저 일어난 곳은 북아메리카였다.

18세기 초반 프랑스는 카카오나무를 미시시피와 루이지애나에 심으려 했지만 나무들은 자라지 않았다. 그 결과 미국 식민지들은 욕구를 충족시키기 위해 영국의 카카오 무역에 의존했다. 18세기 중엽에 이르자 미국인들도 초콜릿 음료를 즐기게 되었고, 발명가이자 인쇄공, 군인이었던 벤저민 프랭클린은 초콜릿의 자극적인 힘을 이용하려고 했다. 영국과 프랑스의 7년전쟁(1755~1764)과 동시에 일어났던 프랑스-인디언 전쟁(1754~1763) 동안 사령관이던 벤저민 프랭클린은 브래독 장군 휘하의 모든 장교를 위해 초

콜릿 6파운드를 확보해두었다.

식민지들, 특히 매사추세츠에서 영국에 저항하는 폭동이 일어나기까지는 그리 오래 걸리지 않았다. 여기에는 마지막 한 방이 필요했는데, 현재 보스턴의 일부인 도체스터의 네폰셋강 제방에 1765년 베이커초콜릿공장이 건설되면서 현실화되었다. 그 공장에서 식민지인들을 위해 대량으로 찍어냈던 초콜릿 케이크는 불안정해진 도시가 처리할 수 있는 범위를 넘어섰다. 그 이후 11년 동안 보스턴학살사건(1770)이 일어났고, 뒤이어 초콜릿을 좋아하는 폭도들에 의해 엄청난 양의 차가 보스턴 항구로 던져진 보스턴차사건(1773)이 발생했으며, 렉싱턴 근처에서는 미국 독립전쟁(1775)이 시작되었다. 대륙의회는 혁명가들이 구입할 수 있도록 초콜릿 가격을 규제하는 정책을 시행했고, 군대가 소비할 수 있도록 일정 분량을 준비해두기 위해 초콜릿이 매사추세츠 밖으로 수출되는 것을 금지했다. 아즈텍이 테파넥을 물리치고 권력을 공고히했던 1428년 이후 초콜릿이 전쟁에서 이렇게 중요한 역할을 한 적은 없었다.

영국은 국내에서는 초콜릿의 영향력을 세심하게 살필 수 있었지만, 국외에서는 그러지 못했다. 곧 대서양 너머의 상황보다는 프랑스의 거대한 혼란에 더 관심을 기울여야 했다. 프랑스와 미국의 혁명은 모두 '만인을 위한 초콜릿'이라는 이상에 기초해 촉발되었고, 또 유럽에서 서서히 눈뜨던 계몽주의의 영향을 받았다. 그러나 두 혁명은 극단적으로 다른 과정을 밟았다. 미국독립혁명(1765~1783)은 상대적으로 고립

---

13 루이스 멜렌데스Luis Meléndez, 〈초콜릿, 페이스트리와 함께하는 조용한 삶Still life with chocolate and pastries〉(1770년).
14 장 에티엔 리오타르Jean Etienne Liotard, 〈라 쇼콜라티에La Chocolatiere〉(1745년경).
15~18 베이커 초콜릿 광고(1924년경).
19 캐드버리 코코아 트레이딩 카드(1885년경).
20 《스피어》에 실린 프라이 코코아 광고(1910년경).

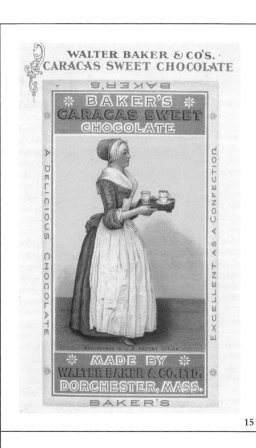

WALTER BAKER & CO'S.
CARACAS SWEET CHOCOLATE

15

WALTER BAKER & CO'S
GERMAN'S
SWEET CHOCOLATE

FAC-SIMILE ¼ LB. PACKAGE.

16

WALTER BAKER & CO'S
PREMIUM NO. 1 CHOCOLATE

FAC-SIMILE OF ½ LB. PACKAGE.

17

Walter Baker & Co's.
BREAKFAST
COCOA

FAC-SIMILE OF ½ LB. CAN.

18

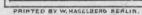

음식과 전쟁 160

된 사건으로서 치유와 국가 재건의 기간이 뒤따랐지만, 프랑스혁명(1789~1799)은 25년 동안 대격변을 겪은 뒤 또다른 격변으로 이어졌다. 미국의 혁명보다 더 폭력적이었고 진보적이었으며 이념적이었던 프랑스혁명은 왕정이라는 개념 자체를 파괴했고, 나폴레옹의 치세가 끝난 1815년 이후에는 그 이상을 유럽 전체로 전파했다. 그리고 이는 19세기 초콜릿 생산에 엄청난 변화를 가져왔다.

프랑스혁명과 함께 불타오른 유럽에서 쏟아져나온 폭력을 해결하기 위해 1814년과 1815년 사이 빈의회가 소집되었다. 여기서 국경이 정해지거나 재확정되었으며, 벨기에는 독립을 얻어 사람들 간의 폭력을 중재할 수도 있는 맛있는 초콜릿을 개발했다. 새로운 합의와 국경의 확정 그리고 유럽의 완결성에 대한 심오한 이해는 1832년 자허토르테라는 부드럽고 고급스러운 비엔나산 초콜릿케이크의 발명으로 대변되었는데, 이 케이크는 마치 홍수가 그친 뒤 신

이 보낸 무지개를 보는 것처럼, 아니 그 이상으로 아름다운 맛이었다. 빈의회의 결과 영국과 네덜란드, 스위스는 너무 오랫동안 서구 세계를 지배한 초콜릿이 낳은 폭력을 막기 위해 주요 조치를 취했다.

영국의 초콜릿 제조사 캐드버리Cadbury, 헌틀리&팔머스Huntley & Palmers, 클라크Clark's, 프라이Fry's는 모두 퀘이커교도들이 빈의회가 끝난 이후 10년 내에 설립한 회사다. 카카오 무역을 뒷받침하는 노예제도와 초콜릿 소비의 폭력성을 차단하려는 목적에 따라 움직였기 때문에, 이들은 1847년 초콜릿바를 포함한 일련의 제조법을 발명했고 카카오콩이 일으킨 혼란을 성공적으로 수습했다. 유감스럽게도, 퀘이커교도들은

21 《그래픽》에 실린 판 하우텐의 코코아 광고(1904년).
22 캐드버리유업의 밀크초콜릿 광고(1928년).
23 《태틀러》에 실린 라운트리의 새로운 밀크초콜릿 광고(1928년).

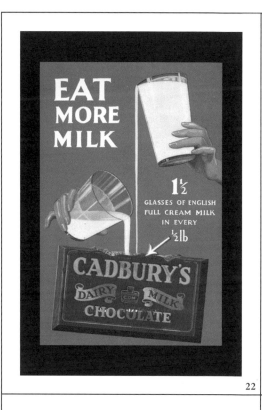

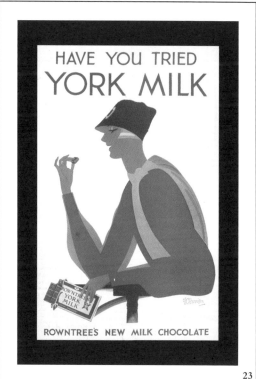

더이상 초콜릿 사업의 주인공이 될 수 없었다. 21세기 아프리카의 카카오 무역을 주도하는, 잔인하고 광범위한 아동 노동을 기반으로 하는 새로운 사업 주체가 등장했기 때문이다.

1828년 네덜란드의 초콜릿 제조업자인 콘라트 판 하우텐Conrad van Houten은 코코아버터로부터 코코아가루를 분리하는 방법을 개발했으며, 그 나라 사람들은 더칭Dutching 또는 알칼라이징alkalizing을 통해 가루를 더욱 곱게 만드는 과정을 발전시켰다. 카카오가루의 분리로 현대의 초콜릿 음료는 이전과는 완전히 달라졌다. 중립국으로 유명한 스위스의 노력은 콘칭conching으로 이어졌는데, 이는 초콜릿이 부드럽고 균질해질 때까지 프레스 사이에서 앞뒤로 굴리는 것으로, 이 과정에서 휘발성 방향족 화합물(그리고 수분) 80퍼센트가 증발해버렸다. 결국 산업의 발전은 전 세계에서 상업적으로 대중화된 달콤하면서도 무미건조한 밀크초콜릿을 만들어냈다. 초콜릿을 만드는 과정에서 시간과 열을 가

하는 공정은 또다른 풍미를 활성화시켰으며, 상업적으로 제조된 초콜릿은 화학적으로나 맛에 있어서 예전과는 무척 달라졌다. 두 차례 세계대전에서 병사들은 초콜릿바를 가지고 파병되었는데, 폭력성을 이끌어내기 위해서라기보다는 기운을 북돋고 행복감을 주려는 상징적인 의도였다. 제2차 세계대전 당시 독일군의 폭력성을 고무시키고 경계심을 높이기 위해 배포된 암페타민amphetamine이 독일 탱크 승무원들 사이에서 탱크 초콜릿Panzerschokolade으로 불린 것은 매우 적절한 것이었다.

만약 여러분이 전갈 꼬리 모양을 한 제대로 된 초콜릿을 맛보고 싶다면, 여전히 상온에서 설탕 결정을 공들여 손으로 간 뒤 코코아와 코코아버터를 넣어 맛이 풍부한 초콜릿을 만드는 시칠리아의 모디카로 여행하길 권한다. 그러나 시장실 창문에 돌을 던지고 타이어에 불을 지르고픈 이상한 충동에 사로잡힐지도 모른다. 내가 경고했다는 것을 잊지 말 것!

LIFE, LIBERTY, AND THE PURSUIT OF

TENDERNESS

The brovvyllinge of their fifhe XIIII.
ouer the flame.

2

버커니어buccaneer(해적이라는 뜻 – 옮긴이)와 바비큐barbecue라는 말은 고기를 천천히 익히거나 건조시키는 데 쓰이는 장작을 가리키는 타이노Taíno어의 바바코아barbacòa를 공통 어원으로 갖는다. 콜럼버스시대 이전에 카리브해 원주민 부족인 타이노족은 생선 요리와 육포라고 하는 저장용 고기를 주로 만들었다. 카리브해의 악명 높은 해적들을 묘사하는 단어가 야외에서 요리하는 방법과 관련한 단어와 동일한 어원을 가지고 있는 것은 우연이 아니다. 음침하고 용서받을 수 없는 직업을 낭만적으로 표현하는 위험을 감수한다면, 버커니어(해적)는 '야생의 길들여지지 않은, 문명의 주변부에서만 영원하면서도 편안히 존재하는, 7대양에서 바비큐를 해먹는 사람들'을 뜻한다.

정확히 말해 바비큐는 짐승을 통째로 혹은 값싸고 질긴 부위를 오랜 시간 상대적으로 낮은 온도에서 익혀 고기를 둘러싼 섬유질 콜라겐을 젤라틴으로 바꾸는 요리법이다. 이 과정은 약 섭씨 65도(화씨 150도)에서 진행된다. 고기의 겉면을 태우지 않으면서 이 온도를 맞추려면 불 바로 위에서 고기를 조리해서는 안 된다(그러면 '그릴'이라 불러야 한다). 바비큐는 불과 가까운 위치에 고기를 놓고 보통 서너 시간 이상 조리하는 방식이다. 곧 바비큐는 야외요리법인 그릴grill(석쇠 바로 아래에 불을 놓고 조리하는 방법 – 옮긴이)보다는 로스팅roasting(주로 오븐에서 150도 이상의 건열을 이용해 조리하는 방법 – 옮긴이)에 가깝다.

바비큐의 본래 특징은 현대 서구 사회에서 독특한 위치를 가지고 있다. 바비큐는 빠르게 돌아가는 세상에서 행해지는 느린 조리법이

The breyling of their fish ouer th' flame of fier .   II3

3

고 돈에 미쳐 있는 세상에서 이뤄지는 매우 값
싼 방식이다. 또한 매우 인위적인 목적으로 동료
들을 만나는 시대에 유기적으로 사회화를 경험
할 수 있게 해주는 요리법이다. 바비큐라는 방
식이 고기를 굽는 것 말고 다른 일에도 적용될
수 있는 방식이라는 것을 인정하느니 차라리 스
스로 바비큐가 되겠다고 말하는 사람들도 있겠
지만, 사실 바비큐라는 방식은 아주 많은 것을
내포하고 있다. 돼지고기가 이 요리 방식에 특히
잘 어울린다는 것은 사실이다. 그 이유는 여러
가지인데, 이를테면 돼지는 키우기 쉬운데다 값
이 싸고, 그 요리가 맛있고, 지방이 많아 고기가
마르기 전에 콜라겐을 젤리화할 수 있어서다. 그
러나 바비큐의 결정적 특징은 바로 고기와 불과
시간이 필요한 맛있는 냄새가 나는 요리를 먹기
위해 모인 사람에 있다.

18세기의 인클로저법안(영국의 공유지 사유
화 법령 – 옮긴이)이 공유재산 및 준공유재산(왕실
숲과 같은)을 축소하기 전까지 중세 영국에서는
사람들 대부분이 돼지 서너 마리를 키우면서 도
토리를 찾거나 숲에서 뛰어놀 수 있도록 돼지들을
풀어놓았는데, 이는 '돼지 방목권'이라 알려진
고대 관습에 따른 것이었다.

5세기에 앵글로색슨족은 통돼지를 바비큐
해 먹는 전통을 영국에 전했고, 이 풍습은 17세
기에 이르기까지 교외 지역에서 매우 성행했다.

1 《러트렐 시편집》(1325~1340년).
2~3 불에 굽고 있는 생선. 존 화이트John White, 《버지니
   아 여행Travels through Virginia》(1618년).
4 이사벨라 여왕의 11월 성무 일과서(1497년경).
5 11월에 돼지 먹이로 도토리를 터는 남자들, 《메리 여왕의
   시편집The Queen Mary Psalter》(1310년경).

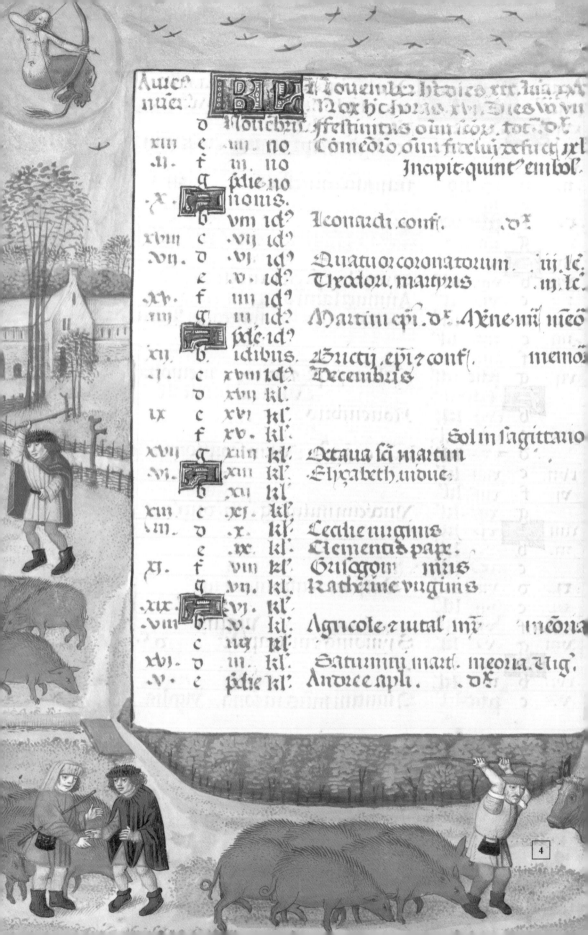

Auree nue		¶Nouembr ht dies xxx. luna xxx	
		Nox hc dies xvi. Dies vo vii	
	d	Nouembr ffestinitas oim scoy. tot . dc	
xiii	e	iiii no	Comedio oim fixlui refici et xxl
ii	f	iii no	Inapit quint embol
	g	pdie no	
x	A	nonis.	
	b	viii id?	Leonardi conf. dc
xviii	c	vii id?	
xvii	d	vi id?	Quatuor coronatorum iii lc
	e	v id?	Treotoni martyris iii lc
xv	f	iiii id?	
iiii	g	iii id?	Martini epi . dc Axne mi meo
	A	pdie id?	
xii	b	idibus.	Bricty epi z conf memo
i	c	xviii id?	Decembris
	d	xvii kl	
ix	e	xvi kl	
	f	xv kl	Sol in sagittario
xvii	g	xiiii kl	Octaua sa martin
vi	A	xiii kl	Elizabeth uidue
	b	xii kl	
xiii	c	xi kl	
iii	d	x kl	Cealie uirginis
	e	ix kl	Clementis pape
xi	f	viii kl	Grisogoni mris
	g	vii kl	Katherine uirginis
xix	A	vi kl	
viii	b	v kl	Agricole z uital mr meona
	c	iiii kl	
xvi	d	iii kl	Saturnini mart meona uig
v	e	pdie kl	Andree apli . dc

Scorpi est quint⁹ z tercius est nere cinctus.

	d		Kł		Nouemb Soltempnitas oium scoz. d. k.
xiii	e	iiii	N		Comemoro omniu fideliu defunctoz.
ii	f	iii	N		
	g	ii	N		
x	A				N.
	b	viii	id		Sti leonardi albis z conf.	ix. lc.
xviii	c	vii	id		
vii	d	vi	id		Scoum quatuor coronatoz mr. iii. lc.
	e	v	id		Sancti theodori mrs.	iii. lc.
xv	f	iiii	id		
iiii	g	iii	id		Sti martini epi z conf.	ix. lc.
	A	ii	id		
xii	b		Idus.		Sti bricii. epi z conf.	iii. lc.
i	c	xviii	kł		Decembris.
	d	xvii	kł		Sti macuti epi z conf.	ix. lc.

5

아일랜드에서는 이 풍습이 유지되었지만 시간이 지나면서 이전처럼 활발하게 행해지지는 않았다. 이와 비슷하게 미국 북부, 뉴욕, 대서양 중부 그리고 뉴잉글랜드 지역에서부터 해산물 구이clam bake(사실 이 이름보다 더 많은 의미를 지니고 있는데, 이는 뜨거운 돌 위에 해초를 겹겹이 쌓고 해산물을 천천히 익히는 방식도 포함한다)를 좋아하는 뉴잉글랜드의 몇몇 지역 너머에 이르기까지 바비큐는 대개 뒷마당에서 하는 그릴로 대체되었다. 이들 지역은 대체로 기후가 좋지 않은 편이다. 바비큐는 전통적으로 따뜻한 날씨에 의존하는 경우가 많은데 북부 지역에서 이런 온화한 날씨를 기대하기란 어려웠다. 그 결과 산업혁명 이후 요리책들의 관심은 새끼 돼지로 옮겨갔다. 곧 입에 사과를 물고 있는 새끼 돼지 한 마리가 채소 접시 위에서 눈웃음치는 낯익은 모습으로, 다시 말해 오븐을 가진 가족을 위해 오븐에 들어갈 만한 크기의 돼지로 말이다.

그러나 미국 남부에는 지역 특색을 가진 바비큐가 멋진 문화로 자리매김해 오늘날까지 전해진다. 타이노족과 미국 남부로 이주한 아프리카 노예의 영향이 스며든 전통은 바로 돼지 바비큐와 켄터키 주 일부에서 전해지는 양 바비큐다. 이런 풍습은 1916년에서 1970년 사이,

600만 명의 아프리카계 미국인들이 미국 남부 교외 지역에서 북동부와 중서부 또는 서부로 이동했던 대이동 시기에 널리 전파되었다. 이 대이동으로 캔자스시티, 멤피스, 시카고, 로스앤젤레스, 할렘, 그 밖에 미국 전역의 여러 마을과 도시에 독특한 바비큐 문화가 생겨났는데, 가장 깊숙한 남동부 지역의 다양한 바비큐 기술과 소스, 드라이럽(dry rub, 소금과 향신료를 섞은 가루 형태의 소스-옮긴이)은 새로운 지역의 취향이나 재료와 한데 섞였다.

또다른 주요한 전통은 남아메리카에서 온 것인데 멕시코의 유카탄 주와 텍사스로 전파돼 소고기 바비큐라는 문화로 확립되었다. 어떤 이론은 소고기 바비큐가 마푸체족(칠레 중남부와 아르헨티나 남서부 그리고 지금의 파타고니아를 포함하는 지역의 원주민)과 폴리네시아인(태평양 중부와 남부의 천 개가 넘는 섬에서 온 부족)이 칠레 해안의 모체라는 섬에서 만났을 때 생겨났다고 이야기한다.

흙 오븐의 비밀은 폴리네시아인의 하와이식 파티에서 공유되었는데, 아마도 고구마 몇 바구니와 열두 마리의 기니피그(거부할 수 없는 맛 때문에 잉카인들이 가축화하고 키웠음 직한)와 맞바꾸었을 것이다. 그 뒤 이 방법은 해안을 따라

이동하면서 마야인들의 피빌pibil 흙 오븐과 텍사스 사람들의 구덩이 바비큐에 영감을 주었다. 19세기 중반 멕시코에서 번역 출간된 쥘 구페의 《요리책El Libro de Cocina》(1893)과 같은 중산층 요리책에는 구덩이 바비큐에 관한 폭넓은 정보가 포함되었는데, 이는 구덩이 바비큐가 대중화되었을 만큼 아주 흔했다는 증거다. 비슷한 전통들도 분명히 병행해 진화했을 것이다.

　　미국은 가장 발전된 전통의 발상지일 수는 있지만, 미국만 그 전통을 누렸던 건 아니다. 다른 지역 사람들도 바비큐를 즐겼다. 아랍 베두인족의 풍습인 사막의 모래 오븐에서 염소를 비롯한 여러 고기를 채소와 함께 천천히 조리하는 자릅zarb은 계속 지켜지고 있는 강력한 전통이다. 아르헨티나의 아사도asado, 브라질의 슈하스코churrasco, 남아프리카의 브라이brai를 포함한 여러 지역의 바비큐 방식도 잘게 자른 고기를 약한 불에서 천천히 조리한다. 이 세 방식은 현대 서구 사회에서 바비큐로 알려진, 곧 불에 고

기를 직접 굽는 그릴과 닮았지만, 콜라겐을 젤라틴으로 바꾸기 위해 시간과 온도의 균형을 적절히 유지한다는 점에서 차이를 보인다.

　　사실 바비큐는 한때 인류 생존의 중심에 있었다. 커다란 동물을 몇 주 동안 쫓아 사냥한 뒤 집으로 가져와서는 집단의 모든 사람이 먹을 수 있도록 불로 천천히 요리했던 것이다. 좋든 싫든 인간은 다른 단계로 진화했고, 강력하고 강렬하게 살아남은 바비큐 전통은 현대 문명의 주변부에서도 더 바깥쪽으로 밀려났다. 코요테, 너구리, 여우, 송골매 같은 야생동물처럼 순수한 바

6 투쿠만(아르헨티나 북서부 안데스 산기슭의 도시 - 옮긴이)의 가우초Gaucho(남미 초원지대에 사는 스페인인과 인디언의 혼혈인 카우보이 - 옮긴이)들. 에머릭 에섹스 비달Emeric Essex Vidal,《부에노스아이레스와 몬테비데오 등에 대한 생생한 삽화Picturesque Illustrations of Buenos Ayres and Monte Video, etc》(1820년).
7 꼬치구이,《러트렐 시편집》(1325~1340년).
8 남부 지역의 바비큐, 호러스 브래들리Horace Bradley, 《주간 하퍼Harper's Weekly》(1887년).

9

10

비큐 역시 생존의 길을 찾았다.

그 생존의 길은 일부 사람들이 상상하는 원시적인 방법을 따른 바비큐나, 몇몇 그릴 제조업자들이 세상에 선보였던 첨단기술을 이용한 것이 아니다. 제3의 범주, 곧 인가가 없는 야생에서 하는 바비큐였다. 그런데 이 방법에는 취약한 부분이 있다. 이를테면 한 무리의 남자들이 불을 피워 고기를 굽고 맥주를 마시면서 즐기려 한다면 바비큐는 고려 사항이 되지 못할 것이다. 또 바비큐가 현대 주방의 기술을 야외로 옮겨 바람을 쐬면서 송로버섯 오일의 쓰임새나 찾는 것이라면 그 누구의 관심도 받지 못할 것이다. 제대로 된 바비큐는 개방적이고 포괄적이며 결정적으로 앞서 두 경우의 특징인 남성 위주의 요리가 아니다. 바비큐는 세상으로부터, 곧 문명과 문명의 바탕에 깔려 있는 혼돈으로부터 우리에게 휴식을 제공한다.

물론 바비큐의 인기는 언제나 문제를 몰고 왔다. 18세기 북아메리카에서 바비큐는 종종 정치적 목적으로 이용되었다. 부유한 남부 농장주들은 품위 있는 바비큐 파티(조지 워싱턴이 이 가운데 한 파티에 참석한 것은 유명하다)를 열었는데, 여기에는 비싼 고기와 함께 근사한 상차림이 나왔으며 엄청난 노예 노동이 동반되었다. 이는 백인 남성의 주도권을 지지하는 정치적 회합으로서 존속되었는데, 바비큐 파티를 열지 않고는 선거에서 당선되기가 매우 힘들었다. 미국 남부에서는 정치인들이 사람들과 함께 돼지고기를 먹으면서 맥주를 마시는 모습을 보여주는 것을 여전히 중요하게 여긴다. 그러나 비용이 많이 드는 바비큐 파티를 열면서 누구나 쉽게 파티에 참여하도록 한 것이 오히려 파티 취지에 담긴 정치적 목적을 훼손해버렸다(동시에 음식도 엉망이 되었다). 바비큐는 시간과 정성, 노력 그리고 공동체를 통해 만들어진다. 이를 멋진 정치 행사로 이용하는 것은 단순히 핵심을 놓치는 데 그

치는 것이 아니라 반복해서 핵심을 뭉갠 다음 불을 붙이는 것이나 마찬가지다.

바비큐의 인기는 1950년대 초반 가정으로까지 침투했는데, 이때 시간을 절약해주는 발명품들은 제2차 세계대전이 세상을 바꾸었듯 이 가정을 완전하고도 철저하게 새롭게 만들어주겠다고 약속했다. 시카고의 웨버금속공업사의 조지 A. 스티븐George A. Stephen은 금속 부표의 두 반구를 고쳐서 휴대할 수 있으면서 편리한 주전자 모양의 그릴을 발명했는데, 대부분의 다른 기구와 마찬가지로 매우 실망스러웠다. 공정하게 말하자면, 그는 햄버거, 핫도그 그리고 이상한 모양의 티본만 구울 수 있도록 만든 것 같은데, 이런 재료에는 그릴이 뛰어난 성능을 발휘하긴 했다. 그러나 전후의 생활방식과 더불어 깔끔하게 손질하는 정원 문화와 어울리지 못한 웨버의 그릴은 유행하지 못했다. 교외 지역에서는 주전자형 그릴(기술이 발전함에 따라 가스 그

릴)이 집 안에서 사용하기에 훨씬 편리했다. 냉장고와 세탁기가 여성을 대상으로 판매되었듯, 이 그릴은 남성을 대상으로 판매되었다. "온더록 스카치, 신문, 웨버 그릴, 그리고 뒷마당에 나가서 게임이 시작하기 전에 소시지를 굽자!"와 같은 홍보문구와 함께 말이다.

바비큐를 전용하려는 상류층과 중산층 백인 남성의 시도에 더해 세계 여러 정부는 '뒤뜰의 불구덩이'를 불법화하거나 엄격히 규제했다. 미국 대부분의 지역에서는 해변에서 불을 피울 때도 허가를 받아야 했고, 멕시코의 메리다와 유카탄은 도시에서 칠리를 굽는 것마저 불법이

9 애틀랜타박람회에 출품된 조지아 바비큐. W. A. 로저스W. A. Rogers 그림, 《주간 하퍼》(1985년).

10 쥘 구페, 《요리책》(1893년).

11 《시그램의 주말 바 그리고 바비큐 책Seagram's Weekend Bar and Barbecue Book》에 실린 조 코프먼Joe Kaufman의 삽화(1960년경).

12

었다. 사람들은 중세 서민들이 돼지를 공유지에 자유롭게 방목했듯이, 불법이 되어버린 바비큐를 공공의 공원이나 숲으로 가져가는 것으로 대응하려 했다. 그러나 산업화된 세계에는 공공장소가 많긴 하지만 대부분 폐쇄되어 있고, 땅을 파고 불을 피우는 행위 역시 금지되어 있다. 몇몇 공원에서는 바비큐 대신 설치되어 있는 그릴을 권하기도 한다. 메시지는 명확하다. '햄버거나 소시지를 굽는 것 정도는 좋다. 그러나 크고 시끄럽고 승인되지 않은 모임은 하지 마라'다.

언제부터 이런 규제가 사람들의 자유를 침해하기 시작했을까? 미국의 많은 지역에서 시민들은 무기를 소유할 권리에 집착하는데, 이는 225년 된 제2차 미국 수정헌법(불명확하고 잘 이해되지도 않는)에 따라 아마도 보장된다. 그러나 제1차 수정헌법은 '사람들이 평화적으로 집회할 권리'를 보장한다. 이것이 민주주의의 초석 아닌가? 평화로운 집회는 먹고 마셔야 하고, 군중이 있다면 바비큐를 하는 것도 마땅하다. 평

화로운(약간 소란스러울 수도 있지만) 대규모 군중을 위해 음식을 제공하는 능력을 침해하는 것은 민주주의에 대한 공격일 뿐 아니라 인간에 대한 공격이며, 이는 곧 굶주림으로 수렴될 수 있다.

1983년에는 교훈적인 사건이 발생했다. 악명 높은 백인 우월주의자면서 외국인 혐오자인 토머스 메츠거Thomas Metzger는 로스앤젤레스에서 십자가를 불태우는 행사를 열었다. 로스앤젤레스 카운티의 법은 허가 없이 뒷마당에서 불 피우는 것을 금지하고 있어서, 메츠거는 관련 기관의 허가를 받아 그 보호 아래 행동하겠다

12 도금된 철로 만든 바비큐 스탠드와 야외에 앉아 있는 남자, 텍사스(1939년).
13 《현대 여성 바비큐 요리책Today's Woman Barbecue Cook Book》에 실린 힐라 넬스 오코너Hyla Nelson O'Connor의 이동식 바비큐(1954년).
14 구덩이에서 소고기 바비큐를 꺼내는 모습. 로스앤젤레스(1930~1941년경).

Below is Royal Chef grill with electrically turned spit. This can be used also without aid of electricity outdoors with spit turned by hand: for steak, fowl.

Above is special unit made by Androck. Of light metallic construction, it has room on grill for 3 large steaks.

mobile barbecues

The most versatile kind of barbecue units, these can be just as efficient as the stationary type and yet be used indoors or outside.

The Royal Chef deluxe unit at left features 2 grills. One can be used for steaks or other meats, while fowl or spareribs are barbecued on spit over other grill. In between grills is warming area for bean casseroles, etc. Also has plenty of work-table space.

136

13

15 보비 실, 《보비와 함께 바비큐하기》(1988년). 실의 책에 는 바비큐 권리장전이 수록되어 있다.

"시대를 거스르며 병에 담겨 팔리는 상업화된 요리법은 바비큐 요리를 바싹 태우거나 반만 익힌, 혹은 밋밋하며 맛도 제대로 내지 못하는 부적절한 요리로 전락시키려 는 계획이 명백하다. 우리는 이러한 큐비바(바비큐가 시 대를 거스르고 있다는 의미에서 거꾸로 쓴 것 - 옮긴이) 현상을 바꾸어야 한다. 고기를 때려 연하게 만들고 더욱

완벽한 양념을 넣어 집에서 나무로 훈연하는 맛있는 바 비큐 요리법을 사람들이 받아들이도록 바비큐 문화를 창조적으로 변화시키는 것이 전 세계의 바비큐를 사랑 하는 우리들의 권리다."

16 가정식 바비큐, 감각적 요리를 위한 감각적 꼬치, 《더 나 은 가정과 정원Better Homes&Gardens》(1960년).

17 《룩Look》에 실린 로열 셰프 그릴 광고(1954년).

고 제안했다. KKK단Ku Klux Klan(미국 남북전쟁 직후 설립된 미국의 극우 비밀결사 단체 - 옮긴이) 회원으로 위장한 프리랜서 작가 겸 사진작가는 혹시 모를 경찰의 간섭이나 폭력을 기록한답시고 그들의 집회를 촬영했다. 이 때문에 그들의 부당하고 비인간적인 모습이 기록으로 남았다. 그릴과 바비큐의 차이를 모르는 사람을 인터넷에 악성 댓글을 다는 몇몇 미치광이들과 같은 부류라고 생각하는 것은 아니지만, 어쨌든 그 단체 회원들은 그릴을 설치하고 그 위에 돼지고기 조각과 조리된 콩 통조림을 가득 얹은 다음 불태울 십자가들을 쌓아올렸다. 그곳에서는 여러 규정이 위반되었는데 그중 몇몇은 분석해볼 만하다. 메츠거는 아프리카에서 온 미국 문화와 멕시코 문화, 곧 모든 인류에게 진정한 선물인 바비큐라는 문화를 괴상한 분리주의자적 목적을 위해 도용했다. 인종차별주의자로 시작해 반유대주의자로 변모했던 메츠거는 미국을 멕시코 이민자들로부터 지키기 위해 민간 국경순찰대를 조직하는 데 시간을 쏟을 만큼 열렬한 외국인 혐오자이기도 했다. 여기서 더 중요한 것은 그가 야생 바비큐를 제한하려는 정부의 시도를 인간성에 대항하기 위해 이용했다는 점이다.

흑표범당Black Panther Party(1960년대 결성되어 미국 전역에 지부가 설치된 흑인 무장단체 - 옮긴이)의 공동 창립자인 보비 실Bobby Seale은 요리책이면서 선언서이기도 한《보비와 함께 바비큐하기Barbeque'n with Bobby》(1988)를 쓰면서 그 사건을 잊지 않고 언급했다. 그는 바비큐라는 용어가 잘못 사용되고 있으며, 휴일이나 특별한 날에 먹는 음식으로 격하되었다고 주장했다. 또한 레스토랑들이 바비큐의 명성에 먹칠을 하고 있으며 바비큐라는 행위의 격을 떨어뜨린다고 비판했다. 보비 실은 중요하지만 너무도 쉽게 간과되고 있는 부분을 지적했다. 바로 '상업화는 바비큐 요리의 평가절하에 어떤 역할을 하고 있는가?'다. 많은 레스토랑이 훌륭한 바비큐 요

리를 제공하고 있지만, 프랜차이즈 업체가 '바비큐 소스'와 함께 공장에서 제조된 고기를 시판할 때마다, '바비큐맛' 과자가 출시될 때마다, 또 맥도날드가 '바비큐 버거'를 선보일 때마다 바비큐는 설 자리를 점점 더 잃는다. 감자 스낵 진열장을 둘러보는 아이는 바싹 건조되어 양념맛이 첨가된 바비큐를 동정심 없는 자본주의 세계에 대한 반란 비슷한 게 아니라, 사워크림이나 양파처럼 단순히 맛으로 인식한다.

기업과 정부가 비도덕적 목적을 위해 바비큐 문화를 파괴하고 있다는 사실은 놀라운 일이다. 아니, 어쩌면 그것은 당연하다. 바비큐를 직접 해먹는 일은 이제 드문 일이 되었다. 바비큐를 마음대로 이용하고 이를 상품화하려는 시도는 사람들이 바비큐를 필요로 한다는 점만 증명할 뿐이다. 언젠가 바비큐가 먹고 싶으면 레스토랑에서 사먹고 싶은 욕구가 들 수도 있다. 그러나 그 욕구를 참아내는 일은 이제 우리에게 달렸다. 레스토랑에서 주문하는 대신 직접 구덩이를 파고, 불을 피우고, 친한 친구나 사이가 좋지 않은 친구 한두 명을 초대하라. 그러려면 고기를 양념에 재워두어야 할 것이다. 우리 삶은 깜빡이는 조명, 금세 사라지는 소음, 시야 가장자리에서 춤추는, 방황하는 개념들로 점점 가득 채워지고 있어서 잠시 멈춰 서서 한가득 숨을 들이쉬는 일이 더욱 중요해졌다. 사람들은 일종의 질서가 되어버린 디지털 혼돈에 완벽히 뒤덮여 있다. 이런 상황에서 가장 필요한 것은 무엇보다 제대로 만든 풀드포크pulled-pork(돼지 어깨 부위를 천천히 연기로 구워 잘게 찢은 다음 바비큐소스에 찍어 먹는 요리 - 옮긴이) 샌드위치라고 외치고 싶다. 세상의 모든 채식주의자들이여, 채소의 맛을 다 알고 있다고 자신하지 말라. 뿌리채소를 한번 골라보라. 무나 거대한 순무 또는 엄청난 덩이줄기일 수도 있다. 짐볼 크기의 호박을 찾아 바비큐 방식으로 수프를 끓여보라. 하지만 천천히 조리하라. 천천히.

▲ ABOUT $24.95

Cook 30 big steaks at one time on this
king-size Royal Chef.

**All Fireboxes Guaranteed
5 Years** Royal Chef grills are built to
give you pleasure for a long time. With
a choice of 12 models, there's a Royal
Chef to suit your taste and budget.

Brazier Model RC-66 $34.95*

Brazier Model RC-23 $9.95*

Super Deluxe
Patio RC-338-S $104.95*

Cooking's a Picnic Any Time
on a Royal Chef Grill

Special Offer - Write today for
Royal Chef's **Outdoor Cook Booklet.**
Please enclose 25c in stamps or coin
to cover handling charges.

Royal Chef

Slightly higher in some areas.

Have fun cooking outdoors where everyone can enjoy it—at a party for
30 or with a family of 3. Sturdy, handsome as the picture and twice as
much fun, this portable Royal Chef grill features a king-size firebox
(16 x 30) with two adjustable grids.

  Hickory-smoked steaks with that deliciously different flavor, sizzling
hamburgers, southern-style barbecued chicken . . . Royal Chef cooks
them all to a queen's taste. See these famous Royal Chef grills and bra-
ziers today at your hardware, department or sporting goods store.

CHATTANOOGA ROYAL COMPANY division of CHATTANOOGA IMPLEMENT & MANUFACTURING CO.
Chattanooga, Tennessee   Manufacturers of Royal Chef Grills and Royal Gas Heaters.

살, 자유 그리고 부드러움의 추구 183

LET

THEM

EAT

QUEQUE

2

1838년 프랑스는 멕시코를 침략했다. 표면 상으로는 미지급된 채무를 징수한다는 명목에 서였다. 이 갈등의 기원은 10년 전인 1828년으로 거슬러 올라간다. 멕시코시티에 이웃한 타쿠바야에서 르몽텔Remontel이라는 신사가 운영하던 프랑스식 페이스트리 상점이 멕시코 군대에게 이른바 피해를 입은 것이다. 안토니오 로페스 데 산타 안나Antonio López de Santa Anna, 1794~1876 장군 휘하의 멕시코군이 가게에서 일하던 프랑스인 두 명을 죽였다거나, 단순히 상점의 페이스트리만 훔쳤다는 설도 있다. 이야기는 계속되는데, 1832년 멕시코 정부에 보상을 요청하지만 거절당한 르몽텔은 다시 프랑스 정부에 6만 페소(누군가가 계산해보니 상점 가치의 60배가 넘었다)라는 말도 안 되는 보상을 요구했다. 얼마간 시간이 흐른 뒤 프랑스는 결국 르몽텔의 요구액을 멕시코 채무에 합산했고, 외채는 모두 60만 프랑으로 불어났다. 이와 관련된 살인, 파괴, 절도, 채무 같은 것에 대해 개략적으로만 조사해보더라도 이 사건이 페이스트리전쟁으로 불릴 어떤 이유도 없다는 결론에 이르게 된다. 그 어떤 것도 이 사건의 진실을 입증하지 못한다. 그뿐 아니라 프랑스와 멕시코 사이의 외교적 노력을 다룬 역사 기록 어디에도 르몽텔의 보상

요청에 대한 언급이 없다. 그러나 한 가지는 분명하다. 멕시코인들은 '페이스트리전쟁'이라 일컫기를 고집했고, 다른 이름으로는 절대 부르지 않았다는 것이다.

멕시코는 1821년 스페인으로부터 독립했지만, 정치 상황은 50년 동안 왕정과 공화정 사이를 왔다 갔다 하면서 끊임없이 변화를 겪고 있었다. 심지어 알라모전투(1836년 2월 23일~3월 6일, 멕시코 영토인 텍사스 주 샌안토니오의 알라모 성채에서 일어난 미국 이주자와 멕시코 간의 싸움-옮긴이)에서는 산타 안나 장군이 승리했음에도 마지막 순간 일을 망치는 바람에 텍사스가 독립함으로써 결과적으로 멕시코가 영토를 상실한 꼴이 되고 말았다. 이런 사회·정치적 힘이 부딪히며 혼란이 계속되는 와중에 1838년 이른바 페이스트리전쟁이 발발한 것이다.

1838년 3월, 프랑스는 베라크루스 앞바다에 함대를 위치시키고, 기함인 에르미온 호에서 빚을 갚든지 아니면 그 결과를 감내하라는 최후통첩을 보냈다. 멕시코 정부는 서른여섯 개의 최고급 케케queque와 비스코초bizcocho(케이크, 페이스트리, 쿠키 등)를 답변과 함께 보냈다. 답변을 요약하자면 "우리에게는 그 정도의 돈

3

4

이 없고, 있더라도 주지 않을 것이다"였다. 프랑스는 베라크루스를 6개월 동안 봉쇄하고 주요 거래 물품과 계피, 아니스, 파인애플 같은 인기 있는 페이스트리 재료의 수입을 방해했다. 외교적 노력이 수포로 돌아가자 유럽의 여러 나라는 자국의 이익을 위해 군함을 파견했다(말하자면 식민지가 인과응보를 당하는 모습을 즐겁게 관찰했다). 샤를로트 아 라 파리지엔Charlotte à la Parisienne(프랑스의 일반적인 후식. 비스킷을 손가락 모양으로 만든 뒤 바바리안이나 무스 크림을 넣어 차갑게 응고시킨 영국식 샬럿을 프랑스식으로 만든 것-옮긴이)의 열렬한 애호가인 샤를 보댕Charles Baudin, 1784~1854 제독이 함대 지휘관으로 임명되었다. 그는 개인 요리사를 데려갔는데 마리 앙투안 카렘의 수제자였다. 카렘은 세계적으로 유명한 프랑스 요리사이자 '샤를로트 아 라 파리지엔'의 발명자인 동시에 《파리 왕실 제과사Le Patissier Royal Parisien》(《파리 왕실의 페이스트리 요리사와 제과사The Royal Parisian Pastrycook and Confectioner》란 제목으로 1834년 영어로 번역되어 출간됨)라는 책을 썼는데, 이 책에서 피에스 몽테pièces montées를 선보였다.

멕시코의 출판 역사는 16세기로 거슬러 올라가지만, 멕시코 최초의 요리책 두 권은 스페인으로부터 독립한 지 10년이 지난 1831년에 출판되었다. 《주방의 새로운 예술Novisimo Arte de Cocina》과 《멕시코 요리El Cocinero Mexicano》는 멕시코 음식의 정체성을 정립하려는 시도였다. 전자는 실험적으로 만든 책이고, 후자는 수사법이나 레시피 선택에 상당히 공을 들였다. 《멕시코 요리》는 달콤한 음식을 다룬 여섯 개 장에 모두 800여 개의 조리법을 실었는데, 새롭게 독립한 멕시코의 독특한 조리법을 의도적으로 포함시켰다. 수백 년 동안 스페인 식민 지배자들은 단맛에 대한 욕구를 충족시키길 기대하며 멕시코로 건너왔다. 이 때문에 초콜릿, 바닐라, 딸기, 블랙베리, 배 같은 토종 재료와 함께 달콤한 음식과 관련한 강력한 전통이 만들어졌다. 주로

1 쥘 구페, 《페이스트리와 과자에 대한 왕실 요리책》(1874년).
2 산타 안나 장군, 루카스 알라만Lúcas Alamán, 《멕시코 역사Historia de Méjico》(1849~1852년).
3 산타 안나 장군의 자택 공격(1838년). 수채화(1870년경).
4 베라크루스 전경, 《멕시코와 그 주변México y sus alrededores》(1869년).

Cascade égyptienne.

Tour de Rhodes.

Fontaine antique.

Grand Pavillon chinois.

Ruine d'un château fort.

Fontaine Turque.

Fonte à la française.

Pavillon gothique des touelles.

Ruine gothique.

5 페이스트리 과자라고는 믿기 힘들
만큼 세밀한 건축 미니어처 모양
의 과자. 마리 앙투안 카렘, 《멋있
는 제과사patissier pittoresque》
(1842).

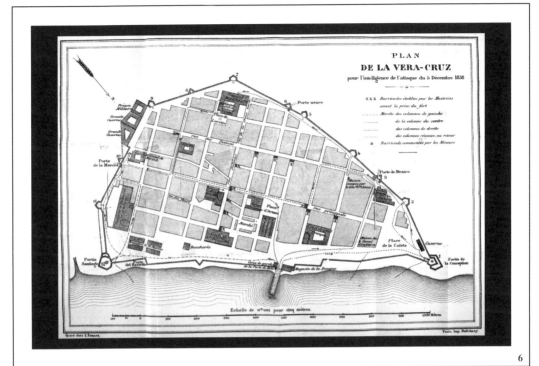

남자 셰프들이 스페인식 풍습을 이끌었는데, 지역 감성에 따라 지역 재료를 이용하는 준유럽식 페이스트리 전통도 생겨났다. 남성만의 전통 말고도 수녀들이 수녀원에서 만드는 케이크 전통도 있었다. 이런 배경에서 르몽텔이 페이스트리 상점을 열었고, 마리 앙투안 카렘에게서 영감을 받아 건축적 즐거움이 가미된 미니어처 과자 같은 최고의 먹거리를 제공했다. 용감하고 새로워진 멕시코에서 유럽의 방식과 멕시코 재료로 만들어진 수백 가지의 달콤한 과자 조리법은 250년간 손에서 손으로 전해지며 하나가 되었고 독특한 형태로 진화했다.

1838년 10월 21일, 함대 사령관 샤를 보댕은 멕시코 외무장관인 루이스 쿠에바스Luis Cuevas에게 2차 회담을 개최하자고 메시지를 보냈다. 이 회담은 11월 17일 베라크루스의 주도인 살라파에서 열렸다. 늘 먹던 페이스트리에 굶주린 멕시코는 합의에 적극적이었지만, 프랑스는 자신들이 들인 비용을 충당하기 위해 20만 페소를 더 요구했다(예를 들어 대서양을 건너 페이스트리

셰프를 데려오는 비용 같은). 쿠에바스는 '초콜릿과 바닐라 비스코초로도 살아남았는데 얼마나 더 나빠지겠어?'라고 생각하고는 프랑스의 제안을 거절했지만, 멕시코시티 출신인 그는 물동량이 많은 베라크루스 항구가 지역 경제에 미치는 영향을 과소평가했다. 항구가 봉쇄되어 파인애플 우유나 계피 페이스트리는 이미 동난 상태였다. 프랑스는 프리깃함 세 척, 코르벳함 한 척, 함포선 두 척을 공격 위치로 이동시켰고, 다소 놀라운 이름을 가진 프랑스 총리 루이 마티유 몰레Louis-Mathieu Molé, 1781~1855(몰레는 영어로 두더지란 뜻으로 이중간첩을 나타내는 은어로도 사용됨-옮긴이) 백작의 명령이 내려오기를 기다렸다.

그해 초, 오스트리아의 퇴역한 포병 장교이자 기업가였던 아우구스트 장August Zang, 1807~1888이 파리 리슐리외 거리에 '비엔나 풍의 빵집Boulangerie Viennoise'이라는 제과점을 열었다. 그는 엄선된 비엔나 과자들을 선보였지만, 그곳의 간판 제품은 그가 발명한 빵이었다. 키펠kipferl이라 불리는 바닐라 아몬드 쿠키와 비슷하게

생겼으며, 버터가 들어가고 겹겹이 벗겨지는 초승달 모양의 롤빵이었다. 바로 크루아상croissant이다. 프랑스 사람들은 그 제과점으로 몰려들었고, 눈 깜짝할 사이 키펠 접시를 거칠게 뒤엎어놓은 채 크루아상과 그 요리법 그리고 아이디어를 사갔다. 과연 몰레 백작은 명령과 함께 새롭고 무척 인기 있는 크루아상 한 상자를 보댕 사령관에게 보냈을까? 그렇지는 않았겠지만, 만약 그랬다면 잘한 일이었을 것이다.

　1838년 11월 27일, 멕시코 특사는 마지막 순간에 한 발 양보하겠다는 제안을 가지고 보댕의 배에 승선했지만, 몇 시간 뒤 그 제안은 거절당했다. 그리고 특사가 항구로 돌아가자마자 포격이 시작되었다. 항구 요새인 산 후안 데 울루아에는 153대의 대포와 병력 1186명이 배치되었지만, 이들은 수플레 오 파르페아무르soufflés au parfait-amour(parfait-amour는 'perfect love'라는 의미로 꽃잎과 바닐라, 오렌지 껍질로 맛을 낸 알코올이 들어간 시럽이다)를 너무나 사랑하는 프랑스 포병 장교 앙리 조제프 펙상Henri-Joseph Paixhans, 1783~1854이 개발한 새로운 포탄의 상대가 되지 않았다. 이 포탄의 무시무시한 파괴력으로 전투는 일방적으로 끝나버렸다. 오후의 첫 포격으로 프랑스 측 사상자는 4명이었지만, 멕시코 측은 224명의 사상자가 발생했다. 보댕은 요새 사령관에게 다음 공격 때는 요새를 돌무더기로 만들어버릴 것이라고 경고했다. 요새 사령관과 베라크루스의 장군들은 회의를 열어 앉은 자리를 파서라도 돈을 마련해야 한다고 결정했다. 결국 프랑스와 멕시코는 항구 봉쇄를 여덟 달 동안 해제하기로 합의했다. 보댕의 부하들은 베라크루스에 상륙해 식량을 확보하고 맛있는 우유 푸딩을 맛볼 수 있도록 허가를 받았다. 그러나 그 일은 일어나지 않았다. 항복 결정이 멕시코시티에 전해지자 베라크루스의 장군들과 요새 사령관은 체포되었고, 이미 전역한 산타 안나 장군이 재기용되어 프랑스를 공격하

NOVISIMO ARTE
DE
COCINA,
ó
ESCELENTE COLECCION
DE LAS MEJORES RECETAS
para que al menor costo posible, y con la mayor comodidad, pueda guisarse á la española, francesa, italiana é inglesa; sin omitirse cosa alguna de lo hasta aquí publicado, para sazonar al estilo de nuestro país.
LLEVA AÑADIDO
lo mas selecto que se encuentra acerca de la repostería; el arte de trinchar &c., con dos graciosísimas estampas que aclaren mejor este último tratadito.
DEDICADO
A LAS SEÑORITAS MEXICANAS.
MEXICO.
Impreso en la oficina del C. Alejandro Valdés.
1831.

라는 명령을 받았다. 중요한 이야기인지는 모르겠지만 산타 안나 장군은 페이스트리를 그다지 좋아하지 않았다. 그는 닭구이를 사랑했는데 1847년 4월 18일에 세로고르도전투에서 후퇴하지 않고 닭요리에 집착하다가 미군의 포로가 되고 말았다.

　페이스트리전쟁 즈음 프랑스 요리는 (나폴레옹의 도움을 조금 받아서) 이미 유럽 대부분의 지역에서 전통 요리를 제멋대로 주무르고 있었다. 프랑스인들은 그들의 우월한 요리 앞에 다른 나라가 굴복하고 이를 수용하는 것에 익숙했으므로 멕시코인들이 프랑스의 크로캉부슈croquembouche(슈크림을 넣고 캐러멜로 싼 케이크-옮긴이), 팽 오 쇼콜라pains-au-chocolat(크루아상 중간에 초콜릿이 한두 줄 따로 들어가는 프랑스 빵-옮긴이), 마들렌 오 피스타셰madeleines aux

pistaches(피스타치오가 들어간 마들렌 빵-옮긴이)
에 퇴자를 놓자 자신들이 두 번째로 좋아하는
발명품인 대포로 화답한 것이다.

보댕과 산타 안나는 서로 간의 적대행위 재
개 시간을 1838년 12월 5일 오전 8시로 잡고,
보댕은 그의 마들렌 빵이 있는 곳으로, 산타 안
나는 그의 닭요리가 있는 곳으로 돌아갔다. 그
러나 보댕은 공격을 몇 시간 앞당기기로 결정했
고, 산타 안나는 보댕의 부하들이 마을과 광장
을 모두 휩쓴 뒤 막사 문에 소총을 계속 쏠 때까
지 이를 몰랐다(자고 있었으므로). 그런데 이 작전
이 먹히지 않자 보댕은 적대 행위를 중지하자는
의미로 흰 깃발을 흔들었다. 산타 안나는 프랑
스 군대가 떼를 지어 집 주변을 돌아다니는 와
중에 거우 탈출했고, 치욕으로 몸서리치다가 전
열을 가다듬고 부두까지 프랑스군을 추격했는
데, 이때 그와 부하들은 정박해 있던 프랑스 프
리깃함으로부터 함포 공격을 받았다. 산타 안나
는 부하 아홉 명과 왼쪽 다리의 무릎 아래와 오
른손 손가락(안타깝게도 그가 소스를 맛보는 손가

락이었다)을 잃었다. 보댕은 흰 깃발을 흔들었는
데도 이를 무시당하고 부하 여덟 명을 잃자 화
가 나서 두 시간 동안 시내를 맹포격했다.

산타 안나는 1847년 닭구이 사건으로 일리
노이 제4보병대(이전 세기에 미국은 상비군이 없어
서 전쟁이 일어났을 경우 각 주에 편재된 군대를 동원
했다. 따라서 각 부대는 미군이 아니라 미시시피 제1연
대, 일리노이 제3보병대, 뉴욕 제2연대처럼 각 주의 이
름으로 불렸다-옮긴이)에 잡혀 빼앗길 때까지 의
족을 사용했다. 멕시코는 미국 정부에 산타 안나
의 의족을 반환하라고 여러 차례 요청했고, 심지
어 도넛이 부뉴엘로buñuelo(우리나라 찹쌀 도넛과
비슷한 스페인, 멕시코의 빵-옮긴이)만큼 맛있다고
공식적으로 인정하기까지 했지만, 아직까지도
산타 안나의 의족은 일리노이주립군사박물관에
전시되어 있다. 여담이지만 일리노이 주의 대표
후식은 1893년 시카고세계박람회를 위해 발명
된 브라우니다.

영국은 자국의 이익을 보호하려고 사건이
일어난 지역 근처에 주둔 중이었고 사태를 진정

9

시키기 위해 개입했다. 찰스 패짓Charles Paget, 1778~1839 제독은 좋아하는 간식이 블랑망제(전분, 우유, 설탕과 바닐라향, 아몬드를 첨가한 희고 부드러운 푸딩 – 옮긴이)라는 사실과는 상관없이 휴전을 이끌어냈고 결국 1839년 3월 9일 조약을 체결했다. 조약의 구체적 내용은 알려지지 않았으나, 멕시코 요리의 전통은 이상하게도 그 세기 내내 프랑스와 연결되어 있었다. 1845년에 파리에서 처음 출판되어 1903년까지도 인기를 끌었던《사전 형식의 새로운 멕시코 요리Nuevo Cocinero Mexicano en Forma de Diccionario》를 포함해 많은 멕시코 요리책이 파리에서 출간되었다. 마리 앙투안 카렘과 종종 함께 책을 집필하면서 레스토랑을 운영했던 앙투안 보빌리에는 대부분의 멕시코 전통요리가 가난한 사람의 음식이라고 비웃었다. 이런 편견은 북쪽으로 확대되어 미국 최초의 스페인어 요리책《스페인 요리El Cocinero Español》(1898)를 쓴 멕시코 이민자 출신 엥카르나시온 피네도Encarnación Pinedo, 1849~1902는 이 책에서 프랑스 요리사

를 "세계에서 가장 훌륭한 요리사"라고 격찬했다. 프랑스의 음식 식민주의는 20세기까지 지속되었지만(멕시코시티에서는 여전히 스페인 레스토랑보다 프랑스 레스토랑을 찾기가 더 쉽다) 시간이 지나면서 점점 시들해지고 있다. 1930년대와 1960년대에 호세피나 벨라스케스 데 레온Josefina Velázquez de León, 1905~1968은 멕시코 음식을 전면에 배치함으로써 분위기를 완전히 바꿔버린 요리책 시리즈를 출판했다. 페이스트리전투에서는 졌을지 몰라도 전쟁에서는 그럭저럭 승리했다.

8 이탈리아 풍으로 광택을 낸 스펀지케이크, 아몬드와 피스타치오의 크로캉부슈, 쥘 구페,《페이스트리와 과자에 대한 왕실 요리책》(1874년).

9 오라스 베르네Horace Vernet,《1838년 멕시코 원정대 이야기Episode de l'expedition du Mexique en 1838》(1841년). 1838년 11월 27일, 산 후안 데 올루아 요새의 탑이 폭발하는 장면.

10~11 조세피나 벨라스케스 데 레온이 출판한 요리책.

12~13 쥘 구페,《페이스트리와 과자에 대한 왕실 요리책》(1874년).

COCINA MEXICANA DE ABOLENGO

POR *Josefina Velázquez de León*

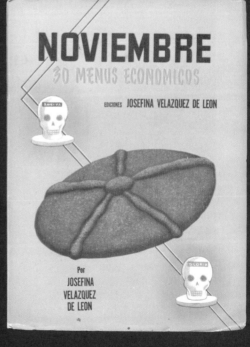

Pl. VI.

음식과 전쟁 196

ITALIAN VILLA MADE OF NOUGAT

Pl. VII.

RUSTIC SUMMER. HOUSE

BISTO

BISTO
for all
MEAT DISHES

GOING TO THE 'MEAT'

1

THE

THICKENING

한때 점도 혹은 농후함은 음식의 다양한 척도 중 하나였다. 음식은 적당히 진할 수도(귀리죽, 아스픽[aspic, 소, 송아지, 생선 등의 뼈를 푹 삶은 국물로 투명하게 만드는 젤리 형태의 음식-옮긴이], 또는 블랑망제 등) 혹은 진하지 않을 수 있다(묽은 수프 또는 맥주 수프beer soup[루roux를 기반으로 맥주를 사용해 만드는 수프-옮긴이]). 사람들은 대개 음식의 농도에는 특별한 가치를 두지 않았다. 음식은 사치스러움이나 포만감과 결부된 일정 수준의 점도를 나타내는지 여부보다는 그 자체가 지닌 매력으로 평가받았다. 여러 세기에 걸쳐 음식이 수없이 변화한 것은 재료, 무역로, 제국주의, 자본주의, 유행, 기술의 영향을 받은 결과지만, 모든 요소가 한 번에 영향을 미친 경우는 드물었다. 이번 장은 현대의 액체 음식이 어떻게 진해졌는지에 대한 이야기다.

중세시대에는 소스나 양념이 대부분 묽었다. 이를 진하게 만들기 위해 가장 널리 쓰인 방식은 빵 부스러기를 넣거나 (기묘하고 비싼) 아몬드를 갈아서 섞는 것이었다. 그러나 이런 방식은 실용적이지 않았는데, 음식을 진하게 하기보다는 탁하게 만들었기 때문이다. 계피 식초가 들어간 카멜린소스, 녹색 소스로 알려진 파슬리소스, 버주스(익지 않은 포도로 만든 포도주)로 만드는 아그라즈소스처럼 훌륭하면서도 많이 쓰인 소스는 대개 매우 묽었다. 미트파이에 들어 있는 그레이비소스(육즙으로만 만들어진)는 매우 고가여서 그레이비 도둑들은 파이 밑에 구멍을 뚫어 훔쳐낸 뒤 재사용하기도 했다. 이런 도둑은 워낙 많아서 《캔터베리 이야기》(1390년경)의 "요리사의 프롤로그와 이야기The Cook's Prologue and Tale"에서 제프리 초서는 그의 천박한 요리사를 파이를 팔기 전에 '피'를 빼내는 사기꾼으로 묘사한다.

> 많은 파이에는 피가 들어 있는데
> 두 번 팔리는 많은 파이가
> 두 번 돈을 벌고 두 번 차가워지네.
> For many a pastee hastow laten blood
> and many a Jack of Dovere hastow sold
> That hath been twice hoot and twice cold.

위 시에서 'Dover[e]'는 'do-over'의 속어다. 곧 'Jack of Dover'는 값싼 포도주로 채워진 비싼 포도주병 혹은 두 번 이상 조리되는 파이를 의미할 수 있다. 이 문장은 무척 유명하다. 한 세기 뒤 최초의 공산주의자인 토머스 모어Thomas More, 1478~1535는 "파리의 재크, 두 번 구워진 사

1 비스토 광고(1929년).
2 "요리사의 이야기", 제프리 초서, 《캔터베리 이야기》(1492년).
3 "캔터베리 순례자", 위의 책.
4~5 옥수수와 감자, 존 제라드, 《약초 또는 식물의 일반 역사》(1633년).

Gret chere made our oſt to vs euerychon
And to ſouper ſette he vs anon
He ſerued vs wyth vytaylle a; the beſte
Stronge was the wyne & wel drynke vs lyſte

A ſemely man our oſte was wyth alle
Forto be a marchal in a lordes halle
A large man he was wyth eyen ſtepe
A feyrer burgeys is ther non in chepe
Bold of hys ſpeche and wel was y taught
And of manhood lacked he right nought
Eke therw was he right a mery man
And aftir ſouper to pleyen he begon
And ſpak of myrthe among other thynges
Whan that we hadde made our rekenynges
He ſayd thus now lordynges treuly
Ye be to me right Welcome hertly
For by my trowthe yf I ſhal not lye
I ſaw not thys yeer ſo mery a companye

c iiij

The forme of the eares of Turky Wheat.

3 *Frumenti Indici ſpica.*
Turkie wheat in the huske, as alſo naked or bare,

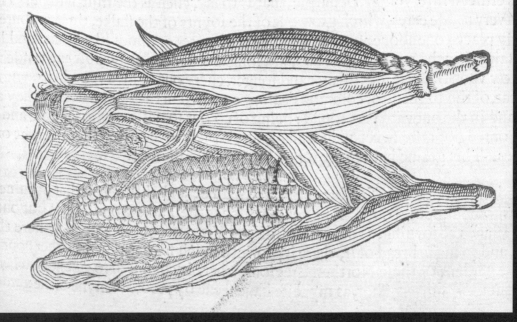

4

Chap. 349.   Of Potato's.

Sisarum Peruvianum, siue Batata Hispanorum.
Potatus, or Potato's.

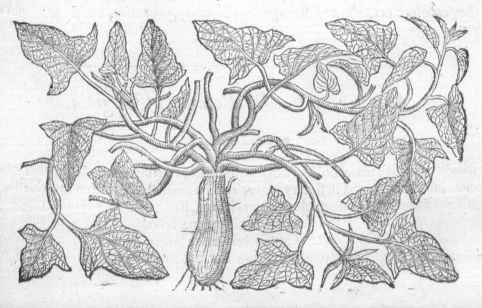

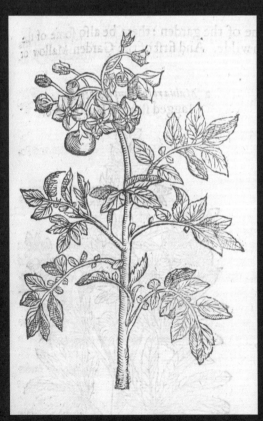

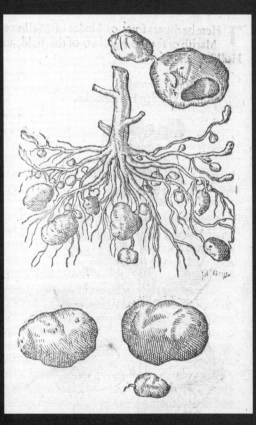

6

7

악한 파이A Jak of Parys, an evil pye twyse baken"라
는 말로 그레이비 도둑이 만든 음식이라는 비난
을 영불해협 너머로 전파시켰다. 이 문장의 어느
부분이 1512~1514년의 영국-프랑스전쟁에 기
여했는지는 알려지지 않는다.

사실 음식에 점성을 더하는 성분을 첨가
하는 유행은 유럽의 식민주의 시대에 이르러서
야 자리 잡았다. 유럽 열강들이 전 세계적으로
토착민들을 성공적으로 복속시키고 그들에게
설탕이나 향료, 그 밖의 선택된 농작물을 경작
하게 하면서 음식을 진하게 만들 수 있는 녹말
을 포함한 새로운 작물도 여럿 발견했다. 카리
브해 연안의 칡가루Arrowroot, 브라질의 타피오
카tapioca, 일본의 가타쿠리코katakuriko, 남미
의 감자전분, 북미의 옥수수전분, 뉴기니의 사
고sago(사고야자 나무의 수심에서 나오는 쌀알 모양

의 흰 전분 - 옮긴이)는 모두 16~18세기에 발견되
어 상업화되었다. 이런 첨가물은 아스픽, 젤리,
푸딩을 만드는 데 특히 유용해서 17세기에는 매
우 대중화되었다. 영국을 놀릴 기회가 생기면
절대 놓치지 않았던 나폴레옹은 영국인들이 칡
을 많이 먹는 유일한 이유가 해외 식민지를 유
지하기 위해서라는 정확한 관찰을 한 것으로도
유명하다.

사실 해외 노예 농장을 통한 대규모 식품 공
급망의 성장과 막 생겨난 수요의 관계는 매우 복
잡하게 얽혀 있다. 플랜 오브라이언Flann O'Brien,
1911~1954은《슬래터리의 사고 서사시Slattery's
Sago Saga》라는 매우 재미있는 단편소설을 썼는
데, 아일랜드에서 감자를 대체하기 위해 사고야
자를 키우려는 시도, 여러 세기 동안 아일랜드인
들이 즐겁게 먹어치운 잔디를 대신하기 위해 남

미의 감자를 수입하려는 시도가 묘사되어 있다. 이 계획의 범인은 스코틀랜드의 한 여인인데, 아일랜드인의 나태함을 일소하고, 아일랜드 이민자들이 가톨릭을 전 세계에 퍼뜨리는 것을 막고자 했다. 오브라이언은 아일랜드가 멕시코 만류 끝부분에 위치해서 야자나무가 잘 자랄 것이고, 이는 아일랜드 식단에 전분을 새롭게 제공할 것이라고 말했다. 또한 이 때문에 아일랜드가 영국의 식민지다운 모습을 갖추게 될 것이라고 주장했다. 우스운 이야기지만 정확한 말이기도 했다. 저녁 만찬에 제공되는 비스킷과 젤리를 만드는데 사용된 수입 전분은 산업혁명으로 늘어난 수많은 엔진의 원료로 사용되기도 했다. 북유럽의 감자나 이탈리아의 옥수수죽 등을 생각해보면 식민지의 전분이 그나마 농부들이 입에 풀칠하며 일하게 해주었다고 할 수 있다. 어떨 때는 그렇지 않았지만 말이다.

자본주의와 음식을 진하게 하는 재료 사이의 결합은 시간이 지나면서 더욱 복잡해졌다. 18세기 영국은 프랑스 요리를 받아들이기 시작했다. 영어를 사용하는 권역의 소스였던 그레이비는 많은 양의 고기를 조리하면서 나오는 육즙으로 만드는 것이라고 인식되었다. 그러나 18세기 중반, 맛이 진하면서 가격이 높은 프랑스 소스들이 기존 그레이비소스에 대한 생각을 완전히 바꿔놓았다. 얄궂게도 이 변화를 일으킨 범인은 《쉽고 간단한 요리의 기술》의 저자이면서 프랑스를 비하하기로 유명한 한나 글라세였다.

이 시대에는 눈먼 어리석음이 너무나 많아서 훌륭한 영국 요리를 격려하기보다는 멍청한 프랑스 요리사의 굴레를 스스로 쓴다.

비턴 부인 이전까지 영국 요리의 중추적 인물이었던 글라세는 엄청난 성공을 거둔 요리책의 장황한 서문에서 프랑스 요리를 과하고, 비싸고, 가식적이라고 여러 차례 비난했다. 그녀는 자신이 프랑스식 그레이비라고 이해한 것을 대체하기 위해 여러 시도를 했다(사실 그 소스는 에스파뇰 소스였지만). 그녀는 "여자들의 수고를 크게 덜어줄" 합리적인 소스를 만들기 위해 송아지고기 조금과 적당량의 쇠고기 그리고 자고새를 사용하기보다는 양파, 당근, 송로버섯, 곰보버섯 같은 일련의 채소와 비둘기를 이용해 '기존의 햄'을 베이컨으로 대체할 것을 제안한다. 서너 명의 영국 요리사들이 구이 요리를 더 맛있게 하기 위해 제대로 된 에스파뇰 소스를 만드느라 애쓰지 않도록 그녀는 진하고 풍부하고 비싼 그레이비소스 대신 자신이 개발한 소스를 사용할 수 있도록 기준을 정립했다. 그 이후 그레이비를 만드는 모든 요리사는 부지불식간에 이런 이상적인 그레이비를 만들기 위해 분투했다.

그러나 '프랑스식 그레이비'에 대한 엉뚱한 공격에서 한나 글라세가 서술한 똑같은 이유로 이는 이룰 수 없는 이상이었다. 수많은 평범한 요리사들은 제대로 된 에스파뇰 소스도, 약간 저렴해졌지만 여전히 엄청나게 비싸고 시간이 오래 걸리는 한나 글라세의 유사품도 만들 수 없었지만, 어쨌든 그런 소스를 동경했다. 이로부터 수십 년이 지난 뒤 영국과 미국의 음식 문화에서 '진하고 풍부한' 맛이 확산되는 과정을 확인할 수 있다. 1793년 프랑스 요리책의 영어 번역판인 메농Menon의 《프랑스 가정 요리French Family Cook》에서는 밀가루 루roux(밀가루를 버

6 고무 식물들. 아라비아고무, 트래거캔스고무, 유향고무, 매스틱고무. 윌리엄 린드William Rhind, 《식물계의 역사A History of the Vegetable Kingdom》(1857년).
7 식재료로 쓰이는 식물. 칡, 카사바, 얌, 고구마.

8 사고나무, 프랑수아 피에르 쇼메톤François Pierre Chaumeton, 《의약 식물Flore Médical》(1814~1820년).
9 젤리, 크림, 단 음식. 비턴 부인, 《살림에 관한 책》(1892년).

Turpin P.ⁱ   Lambert S.ⁱ Sculp.

SAGOU.

a.l.b.

음식과 건강 206

8

Jelly of 2 Colours.

Macedoine of Fruits with Jelly

Lemon Cream.

Victoria Sandwiches.

Meringues.

Grape Jelly.

Trifle.

Chocolate Cream.

Iced Oranges.

Stewed Pears.

Tipsy Cake.

Rout Cakes.

Crystalized Fruits.

Apples à la Parisienne

Nougat Almond Cake.

Blanc-Mange à la Vanille.

터로 볶아 수프나 소스를 걸쭉하게 만드는 데 사용하는 프랑스 요리의 조리 재료-옮긴이)를 처음으로 언급한다. 결국 진함은 부와 편안함의 대명사가 되었고, 풍부한 갈색 풍미는 벽난로 옆에서 먹는 배부른 저녁 식사를 상징했다. 음식 농도의 진함과 맛의 풍부함이라는 개념은 시간이 지나면서 너무나 밀접해져서 시거를 물고 실크 모자를 쓴 산업화 시대의 거물들이 마치 걸쭉하고 맛이 풍부한 갈색 음식 덩어리처럼 거리를 느릿느릿 걸어가는 것이 당연하게 느껴질 정도였다. 19세기를 거치면서 그레이비를 비롯한 여러 소스는 본질적인 특징보다는 '크림처럼 진한' '계란처럼 진한' '밀가루처럼 진한' '버터처럼 진한' 같이 점도 측면에서 요리책에 묘사되기 시작한다. 1899년의 대중적인 요리책은 토마토소스가 너무 묽으면 칡을 넣으라고 조언했고, 영국의 주간지 《펀치Punch》는 1841년판에서 그레이비는 너무 진해서 그 위에서 스케이트를 타더라도 빠지지 않을 것이라는 다소 재미없는 농담을 던지기도 했다. 점성이 그레이비에서 다른 소스나 양념으로 퍼져나가자 점성을 높일 수 있는 새로운 방법이 필요해졌다. 저소득층이나 중산층은 점성을 높여주는 음식을 구입했고, 점점 실감하기 어려운 풍부함과 편안함을 느끼게 해준다는 듯 그레이비소스라는 이불을 단단히 둘러쌌다.

산업화가 계속됨에 따라 점성을 높이거나 이상적인 그레이비를 흉내 내는 방법들이 더욱 복잡해졌다. 처음에는 새로운 전분과 루 기법이 점성에 대한 중독을 충족시켜주었다. 그다음에는 비스토Bisto가 등장했는데, 이는 1908년에 출시된 대중적인 영국 그레이비가루 상표로서 밀과 감자전분의 점성을 강화하는 물질로 사용되었다. 또한 고기 맛을 흉내 내는 글루탐산의 풍미를 더하기 위해 이스트 가루를 가미한 것이었다. 샐러드드레싱으로 예전에는 병에 든 조미료가 사용되었지만 최근에는 그레이비소스를 비롯한 여러 소스가 유행하고 있다. 그러나 이 소스들은 전분과 달리 설탕으로 분해되지 않아서 따로 유화제가 필요하다.

중세시대부터 요리의 점성을 높이고 안정화시키기 위한 다양한 수액이 사용되었다. 프랑스의 약제사 겸 예언가면서 노스트라다무스라는 이름으로 더 많이 알려진 미셸 드 노스트르담은 그가 좋아하는 16세기의 유명한 음식을 요리하곤 했는데, 설탕으로 먹을 것과 마실 것을 만들 때 트래거캔스고무Tragacanth gum(콩과 나무줄기에서 채취하는 끈끈한 고무 분비물을 굳힌 물질로 의약품이나 접착제 등으로 사용됨-옮긴이)를 추천했다. 아라비아고무Gum arabic는 아직도 몇몇 후식류에 들어가며, 구아르고무guar gum나 메뚜기콩고무locust bean gum는 식품 생산에 흔히 사용된

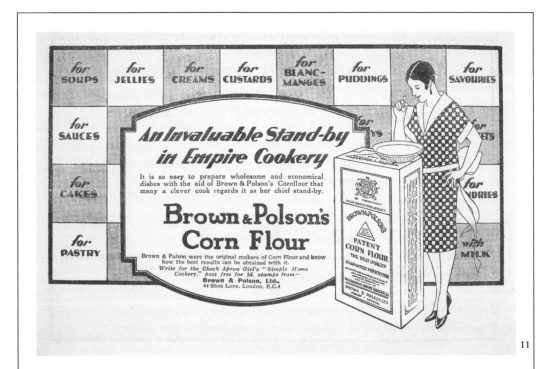

다. 그러나 대부분의 고무는 일반적인 레시피에 대량으로 사용하기가 너무 어렵거나 원하는 점성을 만드는 데 있어서도 부적합하다.

점성을 높이는 재료는 미국이 가장 필요로 한다. 20세기 중반 소련이 유리 가가린을 로켓에 태워 성층권으로 발사시키면서 미국은 우주 경쟁에서 선두를 내주었을 뿐 아니라, 음식의 점성을 높이는 경쟁에서도 뒤처졌다. 러시아인들은 사워크림을 모든 음식에 넣어 먹었지만, 미국인들은 전후 미국의 꿈과 희망을 집어 삼키고 있는 음식의 점성도 차이가 주는 위협을 극복하는 데 어려움을 겪고 있었다. 그러자 다시 한번 자본주의가 구원에 나섰다. 미국 농무부가 뛰어든 것이다.

20세기 초반, 고기를 살 수 없는 사람들에게 고기 맛이나마 제공하기 위해 고기 국물용 고형과 마마이트가 발명된 것처럼, 대중들에게 영혼을 달래는 소스를 제공하기 위해 점성을 높이는 물질이 연구되었고, 이렇게 개발된 그레이비는 전후 시대 사람들의 두꺼워진 뱃살과 상

응했다(더 진해진 소스만큼 뱃살 역시 두꺼워졌다는 의미─옮긴이). 1960년대 초 쿠바 미사일 위기와 가가린의 로켓 발사 사건 이후 미국 농무부는 식물에 병을 일으키는 크산토모나스 캄페스트리스Xanthomonas campestris라는 박테리아가 분비하는 다당류를 건조시키면 음식을 진하게 만드는 훌륭한 재료 겸 유화제가 된다는 사실을 발견했다. 이렇게 해서 20세기 최고의 상품이자 음식의 점성을 다용도로 진하게 하는 크산탄고무xanthan gum가 탄생했다. 이것이 냉전에서 미국에게 승리를 안겨준 것일까? 의견은 갈리지만 모든 것을 감안하면 '그렇다'라고 할 수

10 사이밍턴 콩가루 광고, 《그래픽》(1904년).
11 브라운&폴슨 옥수수가루 광고, 마거리트 페든Marguerite Fedden, 《제국 요리책Empire Cookery Book》(1927년). 대영제국 곳곳의 생산물 소비를 장려하기 위해 편집된 책.
12 뉴 드림 휘핑크림은 줄어들지 않는다(변형 옥수수전분과 셀룰로오스 고무 덕에). 《더 나은 가정과 정원》(1960년).
13 크산탄고무의 활용, 위의 책.

Enjoy all you want

New Dream Whip is low in cost, low in calories–only 17 per serving. And so easy to mix–just add milk, vanilla, and whip. Comes in a box (big new double size or regular), stays fresh on your shelf, needs no refrigeration. Won't wilt, won't separate, keeps for days.

Just add milk, vanilla and whip

NEW DREAM WHIP

Light and lovely Dream Whip makes pies and puddings twice as fancy. And you can use it for days—stays fresh in the refrigerator.

Cherry Dream Cake is the easiest dessert ever! Simply layers of sponge cake...chopped cherries...and luscious new Dream Whip.

Snowy Pears—with Jell-O. Pear halves...soft Jell-O gelatin spooned on...and a mountain of Dream Whip. Added calories? Hardly any.

Dream Whip on anything costs so little. Like on gingerbread cake. You can heap it high with never a thought for the budget.

Tested by General Foods Kitchens. Jell-O and Dream Whip, trade-marks of General Foods Corp.

음식과 건강 210

12

14

도 있겠다. 이런 고무와 점성을 높이는 재료가
자본주의의 행진과 긴밀하게 얽혀 있다는 것은
이제는 놀랍지 않다. 전분은 오랫동안 섬유 제조
에 사용되었지만, 지금은 의약품, 종이, 콘크리
트 생산에도 이용된다. 구아르콩의 산물인 구아
르고무는 요구르트, 수프, 아이스크림을 진하게
하는 데 이용되곤 했지만(물이 포함된 음식이 얼
때 얼음 결정이 생성되는 것을 막아준다) 지금은 석
유 시추 기술로 알려진 수압 파쇄 과정에 더 많
이 사용된다. 이는 구아르고무 때문에 걸쭉해
진 액체에 압력을 가해 땅속으로 쏘아서 천연가
스나 석유 매장층을 밀어내 채취하는 방식이다.
서부 텍사스 지역은 오로지 이 수압 파쇄만을
위해 구아르 숲을 만들었다. 하지만 구아르고무
의 세계 최대의 생산국은 인도로, 한 해 300만

톤의 구아르고무를 서양으로 수출하고 있다. 인
도의 숲이 파괴되는 상황은 변한 게 없다.

　　우리는 자신이 진하고 걸쭉한 것에 빠져 있
다는 것을 더이상 의식하지 못한다. 이는 마치 산
업혁명 뒤에 생겨난 광산이나 철도처럼 우리 삶
의 한 부분이 되어버렸다. 그러나 어느 날 누군가
당신에게 이상한 목소리로 왜 우리 음식이 모두
지독하게 진하고 걸쭉한지 묻는다면, 당신은 이
렇게 답할 수 있을 것이다. "그건 좀 복잡해."

---

14 냉장고 광고,《더 나은 가정과 정원》(1960년).
15 라운트리의 군것질 젤리,《태틀러》(1928년).
16 냉전시대의 필코전자 광고, 냉장고와 위성, 컴퓨터를 배
　　치했다.《룩》(1961년).
17 소련 잡지 표지에 실린 유리 가가린,《악어Krokodil》
　　(1961년)

ROWNTREE'S TABLE JELLY DELIGHTS

RUSSIAN CHARLOTTE

CHOCOLATE BLANCMANGE

JELLY MARLBOROUGH

RASPBERRY POMMES

The Rowntree Jelly Recipe Book, showing these and many other delicious dishes— all tested and approved by the "Good Housekeeping" Institute—will be sent free for a postcard to Rowntree's, York.

(T.S. Dept.)

CHOCOLATE BLANC-MANGE

Scald ½ pint milk. Mix one dessert spoon Rowntree's Elect Cocoa and 1 tablespoonful sugar with a little boiling water; bring to boil. Dissolve 1 Rowntree's Vanilla Jelly in ½ pint hot water. Add cocoa. When cool, gradually stir into ½ pint milk. Pour into wet mould. Leave to set.

RASPBERRY POMMES

Peel and core 3 or 4 large apples. Cook very gently in pie-dish, with enough water to cover and sugar to taste. Dissolve 1 Rowntree's Raspberry Jelly in water in which apples were cooked; add hot water to make up 1 pint. Place apples in glass dish, pour jelly over and leave to set. Decorate with jelly of another colour.

JELLY MARLBOROUGH

Dissolve 1 Rowntree's Jelly in ¾ pint hot water; leave to cool. Trim sponge fingers to height of charlotte russe tin; brush their edges with white of egg; pack fingers tightly round mould. Whip jelly, when cold, to a sponge and pour into mould.

RUSSIAN CHARLOTTE

Dissolve one Rowntree's Jelly in ½ pint hot water. Line sides and bottom of a mould with jelly. When set, place finger biscuits round sides. Pour a little jelly into bottom of mould, decorating centre with angelica. When remainder is cool, whisk with ¼ pint milk and a little whipped cream. Pour into mould; leave to set.

10 Varieties

$4\frac{1}{2}$D. pint packet.

Rowntree's TABLE JELLY

15

음식과 전쟁 214

Wanted: A refrigerator that properly preserves many foods under different temperature and humidity conditions ideal for each. The answer is the Philco Custom-Tailored Cold Refrigerator—with a right place, right temperature, right humidity for <u>every</u> food. Butter, cheese, milk, eggs, meat, vegetables—even ice, in some models—have a special, scientifically controlled area. And there's no frost to scrape in either the fresh-food compartment or the freezer. Though free-standing, every new Philco is UL-approved for recessed installation, for that <u>custom</u> look without custom cost!

Philco monitors our first man in space! The National Aeronautics and Space Administration (NASA) chose 16 Philco TechRep engineers to play important roles in monitoring the electrical and mechanical systems in Project Mercury's first astronaut shot. At many monitoring points around the globe, a Philco TechRep was one of the 3 key men at the vital control consoles. His responsibility: observing the spacecraft's attitude, pitch, roll, yaw motion, fuel, cabin and suit oxygen supply, temperature and pressure—and recommending any corrective earth control measures necessary.

Рисунон Н. СЕМЕНОВА.

Ю. А. ГАГАРИН:— Полет продолжается нормально. Состояние невесомости переношу хорошо.

КРОКОДИЛ

№ 11 (1625) ГОД ИЗДАНИЯ 39-й 20 АПРЕЛЯ 1961

이미지 출처	아래 이미지를 제외한 모든 이미지는 영국도서관위원회에서 제공했다.

29쪽 로마, 로마국립박물관(하단) • 30쪽 콜마르, 운터린덴박물관 • 34~35쪽 런던, 영국박물관 • 44~45쪽 암스테르담, 네덜란드국립박물관 • 46쪽, 48쪽 런던, 영국박물관 • 53쪽 도서출판 우르수스 • 60쪽 암스테르담, 네덜란드국립박물관 • 61~62쪽 런던, 영국박물관 • 64~65쪽 워싱턴D.C., 미국 국회도서관 출판 및 사진부 • 82쪽 워싱턴D.C., 미국 국회도서관 출판 및 사진부 • 85쪽 개인 소장품 • 100쪽 뉴욕 공공도서관(우) • 104쪽 모스크바, 푸시킨순수예술박물관 • 112~113쪽 암스테르담, 네덜란드국립박물관 • 119쪽 런던, 영국박물관 • 128쪽 개인 소장품 • 135~136쪽 개인 소장품 • 144쪽 ©저스틴 커 Justin Kerr • 145쪽 akg이미지/앨범/오로노즈 • 149쪽 뉴욕 공공도서관 • 154~155쪽 런던, 영국박물관 • 156쪽 마드리드, 프라도미술관 • 157쪽 런던, 국립갤러리 • 167쪽 런던, 영국박물관 • 176쪽, 178~179쪽 워싱턴D.C., 미국 국회도서관 출판 및 사진부 • 185쪽 Art Archive/DeA Picture Library/M. Seemuller(아래) • 187쪽 뉴욕 공공도서관 • 190쪽 파리, 프랑스국립도서관 • 191쪽 개인 소장품 • 193쪽 베르사유궁전 • 194~195쪽 개인 소장품

감사의 말

나의 가족 맨디Mandy, 이나Ena, 카시우스Cassius의 인내와 격려가 아니었다면 이 책은 나올 수 없었을 것이다. 이 책을 쓸 수 있도록 지켜봐주고 가끔 내 생각 속의 이야기를 펼쳐보였을 때 이를 구체적으로 정리해준 조쉬Josh와 매트Matt 그리고 내 생각을 현실로 만들어준 존Jon에게 감사의 말을 전한다.

지은이 **톰 닐론**Tom Nealon

프리랜서 작가로 〈슬레이트Slate〉 〈보스턴 글로브The Boston Globe〉, 대중문화
웹사이트 Hilobrow.com을 비롯한 다양한 매체에 음식에 관한 글을 쓰고 있다.
지금은 보스턴에서 아내 그리고 두 아이와 함께 살면서 파초서점Pazzo Books을
운영 중이다. 파초서점은 문학이나 음식에 관한 희귀 고서적 또는 절판도서를
판매하는 중고책 서점으로, 음식 조리법과 관련한 초창기 서적 수집에 특히 많
은 관심을 기울이고 있다. 톰 닐론은 자신을 음식 소스에 관한 세계적인 권위자
라고 칭한다.

옮긴이 **신유진**

어린 시절은 독일에서 보냈고 중·고등학교는 한국에서 마쳤다. 이후 한국교원대
학교 지리교육과를 졸업하고 서울대학교 대학원 사회교육학과 석사과정과 한
국외국어대학교 통번역대학원 한독과를 수료했다. 지금은 프리랜서 통번역가로
활동하고 있다. 옮긴 책으로는 《애도, 어떻게 견뎌야 할까》 《내 안의 비판자에게
레드카드를 던져라》들이 있다.

음식과 전쟁

1판 1쇄 펴냄 2018년 3월 25일
1판 3쇄 펴냄 2019년 4월 20일

지은이 톰 닐론
옮긴이 신유진
펴낸이 천경호
종이 월드페이퍼
제작 (주)아트인
펴낸곳 루아크
출판등록 2015년 11월 10일 제409-2015-000020호
주소 10083 경기도 김포시 김포한강2로 208, 410-1301
전화 031.998.6872
팩스 031.5171.3557
이메일 ckh1196@hanmail.net

ISBN 979-11-88296-11-8 03900

이 책의 내용을 이용하려면 반드시 저작권자와 루아크의 동의를 받아야 합니다.
이 도서의 국립중앙도서관 출판예정도서목록(CIP)은 서지정보유통지원시스템
홈페이지(http://seoji.nl.go.kr)와 국가자료공동목록시스템(http://www.nl.go.kr/
kolisnet)에서 이용하실 수 있습니다(CIP제어번호: CIP2018006455).